Darum Erziehung

Fernando Savater, geb. 1947, ist Professor für Philosophie an der Universität Complutense in Madrid. Er schreibt regelmäßig in *El Pais*, bestreitet viele Rundfunksendungen und hat mit seinen ebenfalls bei Campus erschienenen Büchern *Tu, was Du willst* und *Sei kein Idiot* Weltbestseller geschrieben. Auch das vorliegende Buch erlebte allein in seinem Erscheinungsjahr sieben Auflagen. Es stand mehrere Monate auf allen spanischen Bestsellerlisten und wurde in zahlreiche Sprachen übersetzt.

Fernando Savater

Darum Erziehung

Was wir Kindern geben können

Campus Verlag
Frankfurt/New York

Die spanische Ausgabe *El valor de educar* erschien 1997
bei Editorial Ariel, S. A. in Barcelona.
Copyright © 1997 Fernando Savater

Redaktion: Andreas Simon

Die Deutsche Bibliothek – CIP-Einheitsaufnahme

Savater, Fernando:
Darum Erziehung : was wir Kindern geben können /
Fernando Savater. Aus dem Span. von Wilfried Hof. –
Frankfurt/Main ; New York: Campus Verlag, 1998
 Einheitssacht.: El valor de educar <dt.>
ISBN 3-593-36064-0

Das Werk einschließlich aller seiner Teile ist urheberrechtlich geschützt.
Jede Verwertung ist ohne Zustimmung des Verlags unzulässig. Das
gilt insbesondere für Vervielfältigungen, Übersetzungen, Mikroverfilmungen und die Einspeicherung und Verarbeitung in elektronischen
Systemen.
Copyright © 1998. Alle deutschsprachigen Rechte bei
Campus Verlag GmbH, Frankfurt/Main
Umschlaggestaltung: Guido Klütsch, Köln
Umschlagmotiv: © ZEFA Düsseldorf
Satz: Satzspiegel, Nörten-Hardenberg
Druck und Bindung: Druckhaus Beltz, Hemsbach
Gedruckt auf säurefreiem und chlorfrei gebleichtem Papier.
Printed in Germany

Meiner Mutter,
meiner ersten Lehrerin

»Die Menschen sind füreinander geboren.
Also belehre oder ertrage sie.«
Marc Aurel

»Das Kind ist keine Flasche, die man füllen muß,
sondern ein Feuer, das entzündet werden muß.«
Montaigne

Inhalt

Anstelle eines Vorworts: Brief an eine Lehrerin 9

1. Die Lehrzeit des Menschen 23

2. Die Inhalte der Erziehung 39

3. Das Verschwinden der Familie 59

4. Die Disziplin der Freiheit 95

5. Humanität ohne humanistische Bildung? 121

6. Erziehung zum Universalismus 155

Anstelle eines Nachworts: Brief an die Kultusministerin 181

Literatur 197

Anstelle eines Vorworts

Brief an eine Lehrerin

Erlaube mir, liebe Freundin, daß ich mich zu Anfang dieses Buches an Dich wende, um Dir meine Bewunderung auszudrücken und das Schicksal dieser Seiten in Deine Hände zu legen. Ich sage »Freundin«, aber natürlich könnte ich dich auch »Freund« nennen, denn ich richte mich hier an alle Lehrer. Trotzdem ist die weibliche Form mehr als eine Verbeugung vor der »politischen Korrektheit«. Erstens, weil hierzulande der Grundschulunterricht mehrheitlich auf den Schultern des weiblichen Geschlechts ruht (das ist wenigstens mein Eindruck; ich neige demütig mein Haupt, sollten die Statistiken mich widerlegen); zweitens aus einem sehr persönlichen Motiv, das sich mit genügender Deutlichkeit aus der Widmung ergibt und vielleicht der eigentliche Grund für mich war, dieses Buch zu schreiben – als eine Liebesgabe.

Meine Bewunderung für Grundschullehrerinnen und -lehrer ist alles andere als reine Schmeichelei. Bei der Erfüllung der Anforderungen, die ein demokratischer Staat an uns stellt, sind Lehrer nicht nur die notwendigste Gruppe, sondern sie erbringen auch die größte und freigebigste Leistung und haben den größten *zivilisierenden* Einfluß.

Zu den grundlegenden Kriterien für die Beurteilung der humanen Entwicklung einer Gesellschaft zählt meiner Ansicht nach als erstes die Behandlung und das Ansehen ihrer Lehrer (das zweite könnte ihr Strafrechtssystem sein, das als dunkle Kehrseite so viel mit dem Gelingen einer humanen Gesellschaft zu tun hat). Im Spanien der jüngsten Vergangenheit zum Beispiel machten die progressiven Republikaner die Grundschullehrer zu Protagonisten der gesellschaftlichen Erneuerung, weshalb die frankistische Repression folgerichtig ihre Wut besonders an ihnen ausließ und sie dezimierte, um ihre eigene pseudopädagogische Mythologie durchzusetzen.

Es ist üblich – und ich glaube, das gilt nicht nur für mein eigenes Land –, die Schule als notwendiges Korrektiv aller Laster und kulturellen Mängel anzusehen, gleichzeitig aber die gesellschaftliche Rolle der Lehrerinnen und Lehrer geringzuschätzen. Ob man von der Jugendgewalt, der Drogensucht, dem Niedergang des Lesens, der Rückkehr rassistischer Einstellungen usw. redet – sofort folgt die Diagnose, die, natürlich nicht zu Unrecht, die Schule als geeignetes Schlachtfeld ausmacht, um Übeln vorzubeugen, die man später nur unter größten Schwierigkeiten ausrotten kann. Jeder würde daher denken, daß die Berufsgruppe, die sich diesem entscheidenden pädagogischen Auftrag widmet, am sorgfältigsten vorbereitet und ausgebildet, am besten bezahlt und mit der größten Aufmerksamkeit der Medien bedacht wird. Wie wir wissen, ist das nicht der Fall. Die Volksmeinung (die paradoxerweise von den gleichen Personen unterstützt wird, die davon überzeugt sind, daß es ohne eine gute Schule nur eine äußerst schlechte

Gesellschaft geben kann) hält namentlich Grundschullehrer eher für Leute, die schon an der Universität zu Größerem unfähig sind und im Hinblick auf gesellschaftliche Stellung und Verdienst notwendigerweise nur einen hinteren Platz belegen können. In manchen Ländern ist das kärgliche Auskommen der Lehrer geradezu sprichwörtlich. Zu den Talk-Shows im Fernsehen und den Radiosendungen werden sehr selten Lehrer eingeladen – wozu auch? Und ist von den Etats im Bildungsbereich die Rede, geht es fast unweigerlich um die Hochschulbildung. Natürlich, das höhere Schulwesen muß mit mehr Beachtung und Mitteln rechnen können als das – niedere.

Das alles ist ausgemachter Unsinn. Wer annimmt, daß gerade Grundschullehrer so etwas wie »gescheiterte Existenzen« sind, müßte konsequenterweise daraus den Schluß ziehen, daß die demokratische Gesellschaft, in der wir leben, ebenfalls Schiffbruch erleidet. Alle nämlich, die mit Bildung und Aufklärung der Bürger zu tun haben und die Entwicklung und Förderung der Forschung, der Kunst oder des rationalen öffentlichen Diskurses fordern, hängen notwendigerweise von der Arbeit ab, die in der Schule geleistet wurde. Was können denn Universitätsprofessoren, Journalisten, Künstler, Schriftsteller und selbst verantwortungsbewußte Politiker noch ausrichten, wenn die Lehrer ihre Aufgabe nicht gut erfüllt haben? Und deren erste Aufgabe ist es, die künftigen Bürger auf die kulturelle Errungenschaft *par excellence* vorzubereiten: auf das System des demokratischen Zusammenlebens, das aus mehr bestehen muß als aus einer Ansammlung von Wahlstrategien.

Im Bildungsbereich – das ist eine der Grundüberzeugungen, die dieses Buch vertritt – ist nur ein geringer Fortschritt erreicht, solange der Grundschulunterricht nicht hinsichtlich der finanziellen Ausstattung, der Beachtung durch die Institutionen und auch als Zentrum des öffentlichen Interesses *Priorität* erhält. Man muß den gegenwärtigen Teufelskreis durchbrechen, der von der niedrigen Wertschätzung der Aufgabe besonders der Grundschullehrer vielerorts zu ihrer ungenügenden Bezahlung führt, von dort zu geringem gesellschaftlichen Ansehen und so zur Flucht fähigerer Dozenten in die höheren Bildungsebenen, was wiederum die Vorurteile gegen das Grundschullehramt verstärkt, usw.

Es ist ein zu ernstes Thema, als daß wir es ausschließlich den Politikern überlassen könnten, die sich nur dann damit beschäftigen, wenn sie annehmen, es sei für ihren Wahlerfolg nützlich. Hier muß die Gesellschaft die Initiative ergreifen und die Schule zu einem »Modethema« machen, wenn es darum geht, Programme für die Zukunft zu entwerfen. Man muß die Politiker davon überzeugen, daß sie ohne ein gutes Schulangebot keine Unterstützung der Wähler erhalten werden. Andernfalls dürfen wir uns nicht beklagen und müssen uns mit dem Schlimmsten abfinden.

Natürlich können wir auch darauf vertrauen, daß sich die Begabten schon zu helfen wissen, um die Mängel des Unterrichts zu kompensieren, wie es immer der Fall war. Einem weitverbreiteten Fatalismus zufolge ist der Schulunterricht – außer in seinen einfachsten instrumentellen Aspekten wie Lesen, Schreiben, Rechnen – *immer* zum Scheitern verurteilt, und vor diesem völligen Schiffbruch müsse sich eben jeder selbst retten, so gut er kann.

Ein befreundeter Politiker, dem ich meine Obsession für die Wichtigkeit der Bildung in den frühen Lebensjahren bekannte, zeigte sich skeptisch: »Dir hat man als Kind eine religiöse Erziehung gegeben, und was ist aus dir geworden? Ein totaler Atheist. Ich glaube nicht, daß die Absichten der Erzieher letzten Endes viel zählen, sie können sogar kontraproduktiv sein.« Dieser pädagogische Pessimismus (ergänzt von dem optimistischen Glauben, daß diejenigen, die es verdienen, sich schon auf die eine oder andere Weise zu retten wissen) hat die Unterstützung hochangesehener Verbündeter: War es nicht Freud, der bei irgendeiner Gelegenheit versicherte, es gebe drei unmögliche Aufgaben – Erziehen, Regieren und Psychoanalysieren? Dennoch hat diese Überzeugung Freud nicht daran gehindert, die unmögliche englische Regierung Nazideutschland vorzuziehen, und er hat auch nicht auf seine Aufgabe als Psychoanalytiker und Lehrer von Psychoanalytikern verzichtet.

Wie jedes menschliche Unterfangen – und die Erziehung ist, wie wir später sehen werden, zweifellos das *menschlichste* und humanisierendste – hat die Erziehung offensichtliche Grenzen und erreicht immer nur einen Teil ihrer besten (oder schlechtesten!) Absichten. Aber ich glaube weder, daß sie dadurch zu einer überflüssigen Routine wird, noch daß ihre Ausrichtung oder die Debatte über die besten Erziehungsmethoden irrelevant wird.

Zweifellos steckt in dem Bemühen, unsere Kinder besser zu erziehen, als wir selbst erzogen wurden, ein Paradox, denn es nimmt als gegeben an, daß wir – die mangelhaft Erzogenen – in der Lage sind, gute Erzieher zu werden. Wenn die Konditionierung durch die Erziehung so wichtig ist, sind wir »Schlechterzogenen« (etwa die ältere Generation, die noch unter der Diktatur aufwuchs und zur Schule ging) bereits lebenslang dazu verdammt, die Verdrehtheiten zu verewigen, die man uns beibrachte. Und wenn wir es geschafft haben, der Ideologisierung durch unsere Lehrer zu entkommen, kann das bedeuten, daß die Erziehung letzten Endes doch nicht so wichtig ist, wie die pädagogischen Behavioristen gewöhnlich annehmen. Katharine Tait wies in ihrem amüsanten Buch *My Father Bertrand Russell* darauf hin, daß ihr berühmter Vater paradoxerweise sowohl von der Bedeutung einer guten Erziehung für seine Kinder überzeugt war als auch davon, daß er persönlich durch den strengen Puritanismus seiner Kindheit nicht unwiderruflich gebrandmarkt worden war: »Wahrscheinlich dachte er, daß die geeignete Konditionierung der Kinder den richtigen Personentyp hervorbringen würde, aber sicher betrachtete er sich selbst nicht als das unvermeidliche Ergebnis seiner eigenen Konditionierung.« Nun, ich glaube, wir müssen diesen möglichen Widerspruch resignierend akzeptieren, um mit dem Buch weiterzukommen.

In jeder Erziehung, so schlecht sie auch sein mag, gibt es genügend positive Aspekte, um in dem, der sie erhalten hat, den Wunsch zu wecken, es bei denen besser zu machen, für die er später verantwortlich sein wird. Die eigene Erziehung ist kein irreversibles Verhängnis, und jeder kann sich von ihren schlechten Seiten erholen, aber das heißt nicht, daß man gegenüber der Erziehung seiner Kinder gleichgültig wird, ganz im Gegenteil. Vielleicht führt eine gute Erziehung nicht immer zu guten Ergebnissen, genauso wie eine erwiderte Liebe nicht immer ein glückliches Leben bedeutet. Aber niemand wird mich davon überzeugen, daß das eine wie das andere nicht einer verdummenden Dressur oder verschmähter Liebe vorzuziehen sei.

Es ist wahr, daß die Erziehung in unserem Jahrhundert in einer Krise steckt, zumindest, wenn man den eindringlichen Alarmrufen Glauben schenkt, die uns seit langer Zeit erreichen. Wenn ich jetzt bekennen würde, daß dieses Buch meiner Sorge um die gegenwärtige Krise der Erziehung entspringt, werden wahrscheinlich viele nur mit den Schultern zucken: Diese traurige Geschichte haben sie schon so oft gehört. Ich will hier jedoch auf beunruhigende Entwicklungen des kritischen Stadiums hinweisen, in dem wir uns zur Zeit befinden. Mit den Worten von Juan Carlos Tedesco, dessen Buch *El nuevo pacto educativo* mir eine sehr große Hilfe war, hat sich die Krise der Erziehung grundlegend gewandelt: »Sie entspringt nicht der mangelhaften Art und Weise, in der die Erziehung die gesellschaftlichen Ziele erreicht, die ihr zugewiesen wurden, sondern viel schlimmer noch: Wir wissen nicht, welchen Zwecken sie dienen und worauf sie ihre Maßnahmen richten soll.« In der Tat kann man das Erziehungsproblem nicht mehr einfach auf das Versagen einer Handvoll Schüler reduzieren, wie groß sie auch sein mag, auch nicht darauf, daß die Schule die klaren Aufträge, die ihr die Gemeinschaft auferlegt, nicht so erfüllt, wie sie sollte; vielmehr nimmt das Problem eine elementarere und bedrohlichere Gestalt an: die Verwirrung oder Unvereinbarkeit dieser Forderungen selbst.

Soll die Erziehung fähige Wettbewerber auf dem Arbeitsmarkt oder reife Persönlichkeiten heranbilden? Muß sie die Autonomie jedes Individuums, die oft kritisch und nonkonformistisch ist, oder den gesellschaftlichen Zusammenhalt fördern? Soll sie innovative Originalität entwickeln oder die traditionelle Identität der Gruppe bewahren? Soll sie sich an praktische Effizienz halten oder auf schöpferisches Risiko setzen? Muß sie die bestehende Ordnung aufrechterhalten, oder soll sie Rebellen heranbilden, die sie zerstören können? Soll sie gegenüber der Vielfalt der ideologischen, religiösen, sexuellen Optionen und anderen Lebensformen (Drogen, Fernsehen, ästhetischer Pluralismus usw.) eine strikte Neutralität bewahren oder eher Wertmaßstäbe setzen und Prioritäten begründen sowie Vorbilder anbieten? Kann man alle diese Ziele gleichzeitig erreichen, oder sind einige von ihnen nicht miteinander vereinbar? Wie soll man in diesem Fall entscheiden, welche man wählen soll, und wer soll das tun?

Es stellen sich weitere Fragen, die sogar den gerade genannten den Boden entziehen: Besteht die Verpflichtung, alle auf die gleiche Weise zu erziehen, oder muß es verschiedene Arten der Erziehung geben, je nachdem, an welche Zielgruppe sie sich richtet? Ist die Verpflichtung zu erziehen eine öffentliche oder eher die private Angelegenheit eines jeden? Besteht die Verpflichtung oder wenigstens die Möglichkeit, jeden zu erziehen, was voraussetzt, daß die Fähigkeit zu lernen universell ist? Warum muß die Erziehung obligatorisch sein? Und so weiter, und so weiter.

Wenn die Vielzahl der Fragen und ihre Radikalität die Schwäche der verfügbaren Antworten so offenkundig machen, ist es vielleicht an der Zeit, auf die Philosophie zurückzugreifen. Nicht so sehr aus dem dogmatischen Drang, die Verwirrung sofort zu beseitigen, sondern um diese für das Denken nutzbar zu machen: Auf unsere Ratlosigkeit intellektuell angemessen zu reagieren ist der einzige Weg, mit ihrer Überwindung zu beginnen. Außerdem ist die Philosophie immer schon untrennbar mit der pädagogischen Frage verbunden. Von Zeit zu Zeit stellen sich die geschätzten Vertreter meiner Zunft die Frage, was das große Thema der gegenwärtigen Philosophie sei. Ich gebe zu, daß mich ihre Antworten nie zufriedenstellen. Die Rückkehr der Religion, die Krise der Werte, die Gefahren der Technik, der Widerspruch zwischen Individualismus und Kommunitarismus – alles Fragen, die sehr geeignet sind, das eigene Talent unter Beweis zu stellen oder sein Fehlen wortreich zu verbergen.

Aber fast nie rücken sie das Thema Erziehung in den Mittelpunkt, das alle vorgenannten und viele weitere Themen umfaßt (und das außerdem unweigerlich zur Frage nach der Aufgabe der Gesellschaft führt). Offensichtlich wirkt das Thema zu eingeschränkt, zu speziell, zu zweckgerichtet und bescheiden, um die spekulativen Geister von heute für sich einzunehmen – obwohl es für viele durchaus nicht zweitrangige Denker von gestern wie Montaigne, Locke, Rousseau, Kant oder Bertrand Russell von erstem Rang war. Es gab sogar einen, John Dewey, der die Philosophie als »allgemeine Theorie der Erziehung« definierte, was vielleicht übertrieben, aber keineswegs absurd ist. Jedenfalls steht meine Meinung Deweys Übertreibung näher als anderen hochtönenden Deklamationen, die die Philosophen zu Küstern oder Laborassistenten machen.

Ich will Dir kurz die Entstehungsgeschichte dieses Buches beschreiben: Als ich vor einigen Jahren die Gelegenheit hatte, mein – fast schrullenhaft persönliches – *Diccionario filosófico* zu schreiben, wollte ich den Begriff »Erziehung« zu einem der wichtigsten Stichwörter machen. Mehrere verworfene Entwürfe überzeugten mich davon, daß ich noch viel lesen mußte, um das Thema auch nur in Ansätzen angemessen zu behandeln, abgesehen davon, daß seine Darstellung mehr Platz benötigte, als vernünftigerweise in einem Wörterbuch wie dem meinen zur Verfügung stehen konnte. Ich ließ also schweren Herzens mein Vorhaben fallen, diesen Artikel zu schreiben – Du wirst Spuren dieser anfänglichen Bemühung im ersten Kapitel dieses Buches finden.

Die Gelegenheit, mich ernsthaft an die Arbeit zu machen, bot sich mir, als mich eine mexikanische Lehrergewerkschaft bat, für ihre Mitglieder einen Essay über die Werte der Erziehung zu schreiben. Ich glaube, daß dieses Buch ihrem Wunsch entsprechen wird, aber ich hoffe auch, daß es in vielen Aspekten über ihn hinausgeht. Obwohl ich versucht habe, alles Interessante über die Philosophie der Erziehung zu lesen, und mir gute Freunde einschlägige bibliographische Hinweise gaben, hat das nur teilweise meine grundsätzliche Ignoranz hinsichtlich des Themas beseitigt – ich kann nur hoffen, daß diese Unwissenheit durch meine leidenschaftliche Neugier als Neuling auf diesem Gebiet halbwegs wettgemacht wird.

Zu meiner Entlastung kann ich jedoch ins Feld führen, daß ich bei vielen Gelegenheiten den Jargon einer gewissen modernen Pädagogik mehr als geduldig ertragen habe, deren snobistische Barbarismen vom Typ »Mikrosequenzierung des Curriculums«, »pragmatische Dynamisierung«, »Mußesegment« (die große Pause!), »vorgehens- und handlungsmäßige Inhalte« usw. für den, der sich wirklich informieren will, eine echte Buße sind. Natürlich besitzt auch die Philosophie ihren Jargon, aber dieser ist zumindest seit Jahrhunderten in Kraft. Den Pädagogen, von denen ich spreche, merkt man dagegen unweigerlich an, daß sie außer ihrem eitlen Geschwätz nichts zu bieten haben.

Natürlich habe ich die Erziehung auf die allgemeinste und, ich würde sagen, wesentlichste Art behandelt, die mir möglich war (immer mit besonderer Betonung ihrer grundlegenden und ersten Stufen): Es ging mir nicht um den Vergleich von Lehrplänen oder gesetzlichen Vorschriften bezüglich des Unterrichts, sondern ich wollte etwas Zeitloses und historisch Gültiges sagen, wie es die Philosophie – fast immer mit einem übergroßen Ehrgeiz – gewöhnlich vorhat. Auch wenn ich vom Erziehungsmodell der westlichen Tradition und der entwickelten Welt ausgehe, dem einzigen, über das ich ausreichend Bescheid weiß, hätte ich gerne denen, die sich um den Unterricht in anderen soziokulturellen Kontexten sorgen, eine geeignete Reflexion angeboten.

Nun noch zwei abschließende Bemerkungen über die Grundhaltung des Buches und über seinen Originaltitel. Beginnen wir mit der Grundhaltung oder dem Ton des Buches: Ich nehme an, er wird als *optimistisch* beanstandet werden, was dann vermutlich als Tadel gemeint ist. Man sagt über fast alle meine Bücher das gleiche, so daß ich mir nicht vorstellen kann, daß dieses – ausgerechnet dieses! – eine Ausnahme machen sollte. In einem Kapitel eines anderen Buches von mir *[Ética como amor proprio]* habe ich die Einstellung des aufgeklärten Pessimismus erläutert, die ich für sehr vernünftig halte und die von den Weltfremden gewöhnlich »Optimismus« genannt wird.

Sei's drum: Es liegt mir fern, die Reflexion in Gejammere zu verwandeln. Meine Einstellung, seit den Stoikern nichts Neues, ist das Gegenteil des Klagens: Wenn das, was uns kränkt oder Sorgen macht, geändert werden kann, müssen wir Hand anlegen; ist es dagegen nicht zu beheben, so ist es auch müßig, darüber zu jammern, denn auf unserer Welt gibt es nun einmal kein Beschwerdebuch. Andererseits bin ich davon überzeugt, daß es in unserer Epoche wie in jeder anderen reichlich Argumente für die Auffassung gibt, wir seien dem Paradies weit entrückt und der Hölle sehr nah. Bekanntlich gilt es als intellektuell höchst ehrenwert, auf die zahlreichen Übel dieser Welt hinzuweisen, aber ich spreche lieber über ihre gefährdeten Segnungen, so als könnten sie schon bald ein weniger knappes Gut sein. Ich meine, so erweisen wir uns ihrer würdig und erreichen sie vielleicht sogar.

Bei einem Buch über Erziehung scheint mir Optimismus unerläßlich, das heißt, ich glaube, daß er die einzige richtige Haltung ist. Menschen, die mit Erziehung zu tun haben, mögen weltanschaulich oder metaphysisch durch und durch pessimistisch eingestellt sein. Sie mögen von der allmächtigen Schlechtigkeit oder der tristen Dummheit des Systems überzeugt sein, von der teuflischen Mikrophysik der Macht oder, von der mittel- und langfristigen Vergeblichkeit aller menschlichen Bemühungen und davon, daß »unsere Leben die Flüsse sind, die ins Meer fließen, das das Sterben ist«. Kurz, sie mögen die entmutigendsten Ansichten und Überzeugungen haben. Als Individuen und Bürger haben wir das volle Recht, alles in der Farbe der alten Telefone zu sehen, das heißt tiefschwarz. Aber als Erziehern bleibt uns nichts anderes übrig, als optimistisch zu sein. Und der Unterricht setzt den Optimismus voraus wie Schwimmen das Wasser. Wer sich nicht naß machen will, darf nicht schwimmen; wer vor dem Optimismus Widerwillen verspürt, sollte das Unterrichten seinlassen und sich keine Gedanken darüber machen, worin Erziehung besteht. Weil erziehen heißt, an die Vervollkommnungsfähigkeit des Menschen zu glauben, an die angeborene Fähigkeit, zu lernen, und an den Wissensdrang, der sie antreibt, daran, daß es Dinge gibt (Symbole, Techniken,

Werte, Erinnerungen, Taten usw.), die man wissen kann und die es verdienen, gewußt zu werden, und daran, daß wir Menschen uns durch das Wissen gegenseitig verbessern können. An all diese optimistischen Überzeugungen mag jemand privat nicht glauben, aber wenn er zu erziehen oder zu verstehen versucht, worin Erziehung besteht, hat er keine andere Wahl, als sie anzuerkennen. Mit echtem Pessimismus kann man *gegen* die Erziehung schreiben, aber für die ernsthafte Beschäftigung mit der Materie – und ihre Ausübung – ist Optimismus unabdingbar. Pessimisten mögen für die Dressur taugen; gute Lehrer können sie nicht sein.

Und hier ist auch die Erklärung des spanischen Titels meines Buches »El valor de educar«: Ich rede vom Wert der Erziehung im zweifachen Sinn des Wortes »valor«. Ich meine, daß Erziehung *wertvoll* ist, aber auch ein Akt des *Mutes*, ein Akt menschlicher Kühnheit. Nichts für Feiglinge und Angsthasen! – Nur haben wir alle Ängste, fühlen Mutlosigkeit und Ohnmacht, und daher sind Lehrer – im weitesten und auch bescheidensten Sinne des altehrwürdigen Wortes – mehr als alle anderen psychischen Zusammenbrüchen, Depressionen und seelischer Erschöpfung ausgesetzt, oftmals begleitet von dem Gefühl des Verlassenseins in einer fordernden, aber desorientierten Gesellschaft. Deshalb möchte ich erneut meiner Bewunderung für alle Lehrerinnen und Lehrer Ausdruck verleihen. Und meiner Sorge um das, was sie – uns – schwächt und verwirrt. Die folgenden Seiten sollen all jene begleiten, die sich mutig in das aufgewühlte Meer der Erziehung stürzen, sie sollen aber auch bei den übrigen Interessierten Anregungen zu einer Diskussion über Erziehung bieten, die heute notwendig ist und hilfreich sein könnte.

Kapitel 1
Die Lehrzeit des Menschen

An einer Stelle sagt Graham Greene, »menschlich zu sein ist auch eine Pflicht«. Er bezog sich wahrscheinlich auf solche Eigenschaften wie Mitleid, Solidarität oder Wohlwollen gegenüber anderen, die man gewöhnlich als Charakterzüge »sehr menschlicher« Personen ansieht, also jener, die von der »Milch der Menschenliebe« gekostet haben, wie es so schön bei Shakespeare heißt. Es ist eine moralische Pflicht, meint Greene, auf solche Weise menschlich zu werden. Und wenn es eine Pflicht ist, handelt es sich folglich nicht um etwas Schicksalhaftes oder Notwendiges (wir sagen ja auch nicht, sterben ist eine Pflicht, denn das stößt uns allen unabwendbar zu).

Es wird also Leute geben, die nicht einmal versuchen, menschlich zu sein, oder solche, die es versuchen, aber nicht schaffen, neben jenen, die bei diesem edlen Unterfangen siegreich sind. Es liegt etwas Merkwürdiges in diesem Gebrauch des Adjektivs »menschlich«, verwandelt es doch in ein Ziel, was wir als den unvermeidlichen Ausgangspunkt ansehen: Wir werden zwar als Menschen geboren, aber das reicht nicht –

wir müssen es auch *werden*. Und man geht davon aus, daß wir bei diesem Versuch scheitern können oder uns weigern, ihn überhaupt zu unternehmen. Erinnern wir uns daran, daß der große griechische Dichter Pindar die dunkle Empfehlung gab: »Werde, der du bist.«

In dem Zitat von Graham Greene und dem üblicherweise wertenden Gebrauch des Wortes wird »menschlich« natürlich wie eine Art Ideal und nicht einfach als Bezeichnung einer Säugetierspezies – Verwandte der Gorillas und Schimpansen – verwendet. Aber in solch einem Gebrauch des Wortes steckt eine wichtige anthropologische Wahrheit: Wir Menschen sind zwar bereits bei der Geburt menschlich, aber erst *danach* werden wir es ganz. Auch wenn wir dem Begriff keine besondere moralische Bedeutung beimessen und akzeptieren, daß auch die grausame Lady Macbeth menschlich war – obwohl ihr die Milch der Menschenliebe fremd, besser gesagt, zuwider war – und daß die Tyrannen, die Mörder, die brutalen Vergewaltiger und die Kinderschänder menschlich, sogar allzu menschlich sind, auch dann ist es weiterhin wahr, daß die volle Menschlichkeit nicht einfach etwas Biologisches ist, eine genetisch programmierte Festlegung wie jene, die Artischocken zu Artischocken und Kraken zu Kraken macht.

Die übrigen Lebewesen sind bereits bei der Geburt das, was sie endgültig sind, was sie unabänderlich sein werden, egal was passiert, während wir von den Menschen nur soviel sagen können, daß sie *zur* Menschlichkeit geboren werden. Unser biologisches Menschsein benötigt eine nachträgliche Bestätigung, so etwas wie eine zweite Geburt, in der sich durch unsere eigene Anstrengung und die Beziehung zu anderen Menschen die erste endgültig bestätigt. Wir werden zwar als Menschen geboren, erlangen unsere Menschlichkeit aber erst dann ganz, wenn uns die anderen absichtlich – und mit unserer Einwilligung – damit »anstecken«. Das Wesen des Menschen besteht zum Teil aus natürlicher Spontaneität, aber auch aus künstlicher Überlegung: Ganz Mensch zu werden – ein guter oder böser – ist immer eine *Kunst*.

Diesen besonderen Prozeß nennen die Anthropologen *Neotenie*. Dieses Wörtchen will andeuten, daß wir Menschen offenbar vorzeitig geboren werden, noch nicht ganz »gar«: Wir sind wie diese vorgekochten Gerichte, die, damit sie völlig genießbar werden, noch zehn Minuten im Mikrowellenherd oder eine Viertelstunde im Wasserbad benötigen, nachdem man sie aus der Packung genommen hat. Alle menschlichen Geburten erfolgen in gewisser Weise zu früh; wir werden zu klein geboren und geben nicht einmal respektable Säugetierjunge ab.

Vergleichen wir einen Säugling und einen neugeborenen Schimpansen: Zu Anfang ist der Kontrast zwischen den beginnenden Fähigkeiten des Äffchens und der völligen Hilflosigkeit des Babys offenkundig. Das Schimpansenjunge ist bald fähig, sich am Fell der Mutter festzuklammern, um hin und her getragen zu werden, während der menschliche Sprößling lieber weint oder lacht, um auf den Arm genommen zu werden – er ist gänzlich von der Aufmerksamkeit anderer abhängig. Im Laufe seines Wachstums wird der kleine Menschenaffe rasch immer geschickter, und im Vergleich dazu überwindet das Kind nur äußerst langsam seine ursprüngliche Invalidität.

Der Affe ist darauf programmiert, so früh wie möglich allein als guter Affe zurechtzukommen – das heißt, bald erwachsen zu werden –, das Baby scheint dagegen von Natur aus prädestiniert zu sein, so lange wie möglich kindlich und unbeholfen zu bleiben. Je länger es in lebenswichtigen Dingen von seiner organischen Verbindung zu den anderen abhängt, desto besser. Sogar seine physische Erscheinung verstärkt diesen Unterschied noch – die Haut des Babys bleibt haarlos und rosa, während der kleine Affe immer behaarter wird. Wie der berühmte Titel des Buches von Desmond Morris sagt: Das Baby ist ein »nackter Affe«, das heißt ein unreifer, noch nicht erwachsener Menschenaffe, der im Vergleich zum Schimpansen, der sich schon bald einmal rasieren müßte, im Stadium des Kindseins verharrt.

Jedoch vervielfältigen sich allmählich, aber unaufhaltsam die Ressourcen des Kindes, während der Affe im Dazulernen zu stagnieren beginnt. Der Schimpanse beherrscht das Überlebensnotwendigste nach kurzer Zeit und braucht nicht lange, um sein Repertoire zu vervollständigen. Natürlich lernt er auch weiterhin ab und zu etwas Neues (vor allem, wenn er in Gefangenschaft gehalten wird und ein Mensch es ihm beibringt), aber er bereitet kaum noch Überraschungen, insbesondere im Vergleich zu dem Kind mit seinem scheinbar unerschöpflichen Talent, während seines Wachstums seine Geschicklichkeit immer weiter auszubilden, von den einfachsten bis zu den kompliziertesten Fertigkeiten.

Ab und zu wundert sich ein Enthusiast über die Geschicklichkeit eines Schimpansen und erklärt ihn für »intelligenter als den Menschen«, wobei er natürlich vergißt, daß ein Mensch mit den gleichen Fertigkeiten nicht beachtet und für einen unheilbaren Schwachsinnigen gehalten würde. Mit einem Wort: Der Schimpanse – wie andere höhere Säugetiere – wird schneller als das Menschenkind erwachsen, aber er altert auch viel rascher, mit der unumkehrbaren Begleiterscheinung des Alters: nicht mehr in der Lage zu sein, etwas Neues dazuzulernen. Im Gegensatz dazu bleiben die Individuen unserer Art bis ans Ende ihrer Tage zwar unreif, herumtastend und fehlbar, aber immer in gewissem Sinn jugendlich, das heißt offen für neue Kenntnisse. Robert Louis Stevenson erwiderte dem Arzt, der ihm riet, auf seine Gesundheit zu achten, wenn er nicht jung sterben wolle: »Ach, Herr Doktor, alle Menschen sterben jung!« Das ist eine tiefe und poetische Wahrheit.

Neotenie bedeutet also »jugendliche Formbarkeit oder Empfänglichkeit« (die Pädagogen sprechen von *Erziehbarkeit*), schließt aber auch die notwendigen Beziehungen zu anderen menschlichen Wesen ein. Das Kind macht zwei Schwangerschaften durch, die erste nach biologischen Gesetzen im Mutterleib, die zweite im sozialen Mutterschoß, in dem es aufwächst, wobei es den verschiedensten symbolischen Festlegungen – der Sprache als erster von allen – sowie rituellen und technischen Gebräuchen seiner Kultur unterworfen ist. Die Möglichkeit, menschlich zu sein, verwirklicht man effektiv nur mit Hilfe der anderen, der Mitmenschen, das heißt jener, die das Kind sofort mit allen Mitteln nachzuahmen versucht.

Dieser Nachahmungstrieb, der Wille, die Artgenossen zu imitieren, existiert auch bei den Menschenaffen, ist aber beim menschlichen Affen um ein Vielfaches stärker: Wir sind in erster Linie Nachäffer, und mit Hilfe der Nachahmung werden wir etwas mehr als Affen. Das Besondere an der menschlichen Gesellschaft ist, daß ihre Mitglieder nicht mehr oder weniger zufällig und unversehens, sondern bewußt und offen erkennbar zu Vorbildern für die Jüngsten werden. Auch junge Schimpansen achten auf das, was die Alttiere tun; Kinder aber werden von den Erwachsenen ganz gezielt angeleitet und zur Nachahmung gezwungen: Die menschlichen Erwachsenen fordern die Aufmerksamkeit ihrer Säuglinge und *inszenieren* vor ihnen menschliche Verhaltensweisen, damit sie sie lernen.

Im Grunde genommen hat praktisch alles in der menschlichen Gesellschaft – mit Hilfe der Reize des Vergnügens oder Schmerzes – eine entschieden *pädagogische* Absicht. Die Gemeinschaft, in der das Kind geboren wird, impliziert, daß es sich verpflichtet sieht zu lernen, und sie bestimmt auch die spezifischen Inhalte dieser Lehrzeit. Vor fast achtzig Jahren schrieb Alfred L. Kroeber in seinem Artikel »The Superorganic« in der Zeitschrift *American Anthropologist*: »Die wichtige Unterscheidung zwischen Tier und Mensch ist nicht die zwischen dem Physischen und Geistigen, die nur relativ ist, sondern zwischen dem Organischen und dem Sozialen. [...] Wäre Bach im Kongo statt in Sachsen geboren, hätte er nicht das kleinste Stück eines Chorals oder einer Sonate komponiert, auch wenn wir sicher sein können, daß er seine Landsleute in einer anderen Form der Musik übertroffen hätte.«

Es gibt einen anderen wichtigen Unterschied zwischen der wenig gezielten Imitation der Erwachsenen bei den Menschenaffen – durch die sie gewisse Fertigkeiten erlernen – und dem, was wir den *Imitationszwang* der menschlichen Sprößlinge nennen können, zu dem sie aus sozialen Gründen genötigt sind. Er beruht auf etwas Entscheidendem, das es anscheinend nur bei den Menschen gibt: der Erkenntnis der *Unwissenheit*. Die Mitglieder der menschlichen Gesellschaft wissen nicht nur, was sie wissen, sondern nehmen auch die Ignoranz der anderen wahr, die noch nicht wissen oder irrtümlich etwas zu wissen glauben, und bemühen sich, die Unkenntnis zu beseitigen. Wie Jerome Bruner, ein führender amerikanischer Psychologe mit besonderem Interesse am Thema der Erziehung, anmerkt: »Die Unfähigkeit der nichtmenschlichen Primaten, ihren Jungen Unwissenheit oder falsche Überzeugungen zuzuschreiben, kann die Abwesenheit pädagogischer Bemühungen bei ihnen erklären, denn nur wenn man diese Zustände erkennt, versucht man den Mangel durch Demonstration, Erläuterung oder Diskussion zu beseitigen. Sogar die ›kultiviertesten‹ Schimpansen zeigen wenig oder nichts von diesem Verhalten, das in die erzieherische Tätigkeit mündet.« Und er folgert: »Wo die Erkenntnis und Zurechnung von Unwissenheit fehlt, gibt es auch keine Bemühungen zur Unterweisung.« Das heißt, daß man das, was man weiß, nur dann auf pädagogisch verlockende Weise lohnend erscheinen lassen kann, wenn man begriffen hat, daß ein anderer es nicht weiß – und daß wir es für wünschenswert halten, daß er es weiß. Der freiwillige und gezielte Unterricht entsteht nicht aus der Feststellung gemeinsamer Kenntnisse, sondern aus der Evidenz, daß es Mitmenschen gibt, die diese Kenntnisse noch nicht besitzen.

Mit Hilfe von Erziehung versucht die Gemeinschaft, die Unwissenheit, mit der wir alle naturgemäß auf die Welt kommen und deren Grund nach Platon im »Vergessen« liegt, zu beseitigen. Wo man als sicher annimmt, daß alle wissen oder daß jeder schon selbst erfahren wird, was er zum Leben braucht, oder daß es einerlei ist, ob man etwas weiß oder nicht, dort kann es keine Erziehung geben – und daher auch keine wahre Menschlichkeit. Mensch zu sein besteht in der Berufung, unser Wissen mit allen zu teilen, indem wir den zuletzt zur Gruppe Gekommenen so viel beibringen, wie sie wissen müssen, um wertvolle Mitglieder der Gemeinschaft zu werden. Unterrichten heißt immer, *den zu unterweisen, der nicht weiß*, und wer der Unwissenheit der anderen nicht auf den Grund geht und sie beklagt, kann kein Lehrer sein, so viel er auch wissen mag. Ich wiederhole: In der Dialektik der Lehrzeit ist das, was jene wissen, die unterrichten, so entscheidend wie das, was jene anderen noch nicht wissen, die lernen sollen. Das ist ein wichtiger Punkt, den wir berücksichtigen müssen, wenn wir später Examen und andere oft zu Recht geschmähte Prüfungen behandeln, mit denen sich angeblich das Niveau der Kenntnisse von »Lehrlingen« feststellen läßt.

Der Erziehungsprozeß kann informell sein (über die Eltern oder einen Erwachsenen, der zum Unterrichten bereit ist) oder formell, das heißt, er erfolgt durch eine Person oder Personengruppe, die von der Gesellschaft dazu auserkoren wurde. Die erste Anforderung an einen Lehrenden in jedem Gesellschaftstyp – ob nun bei einer formellen oder informellen Erziehung – ist, gelebt zu haben: Alter gibt Erfahrung. Daher rührt zweifellos der evolutionäre Druck zum Überleben der Alten in menschlichen Gesellschaften. Gruppen mit einer höheren Überlebensquote mußten in der guten Erziehung und Vorbereitung ihrer jungen Mitglieder immer die fähigsten sein. Diese Gruppen mußten sich auf die (dreißig-, fünfzigjährigen?) Alten verlassen, welche die größtmögliche Zeit mit den Kindern verbrachten, um sie zu unterrichten. Und die Selektion des Evolutionsprozesses hat wohl die Gemeinschaften mit den besseren, das heißt liebevolleren und mitteilsameren Beziehungen zwischen Alten und Jungen belohnt. Das biologische Überleben des einzelnen allein schon erfordete familiären Zusammenhalt, aber wahrscheinlich war die Notwendigkeit der Erziehung die Ursache sozialer Bindungen, die über die Sicherung der Fortpflanzung hinausgingen.

Ich meine, es war weniger die Gesellschaft, welche die Erziehung schuf, als vielmehr das Bestreben, zu erziehen und Lehrer und Schüler so lange wie möglich in Harmonie zusammenleben zu lassen, das letztendlich für die Entstehung der menschlichen Gesellschaft verantwortlich ist und deren gefühlsmäßige Bindungen über die engen familiären Bande hinaus gestärkt hat. Und deshalb muß man darauf hinweisen, daß Liebe die Lehrzeit erst ermöglicht und zweifellos viel wirkungsvoller macht, sie aber nicht ersetzen kann. Auch Tiere lieben ihre Jungen, aber das Merkmal der Menschheit ist die komplexe Kombination aus Liebe und Pädagogik. Darauf hat John Passmore in seiner ausgezeichneten *Philosophy of Teaching* hingewiesen: »Daß alle menschlichen Wesen unterrichten, ist in vielerlei Hinsicht ihr wichtigstes Merkmal – die Tatsache, derentwegen sie, im Unterschied zu anderen Mitgliedern des Tierreichs, ihre erworbenen Eigenschaften übermitteln können. Würden sie auf den Unterricht verzichten und sich mit der Liebe zufriedengeben, würden sie ihr Unterscheidungsmerkmal verlieren.«

Diese Erkenntnis führte in der Geschichte immer wieder zu absurder und unmenschlicher Bildungsfeindlichkeit – in manchen Epochen im Namen irgendeiner religiösen Erleuchtung, welche die Naivität des Glaubens über die Kunstgriffe des Wissens stellte, und in der Neuzeit, wo die »Spontaneität« und »Kreativität« des Kindes gegenüber jeder Zwang ausübenden Disziplin in den Vordergrund gerückt wurde. Auf diesen

Punkt werden wir zurückkommen müssen, aber jetzt wollen wir etwas vorgreifen.

Wenn man Kultur nach Jean Rostand definieren kann als »das, was der Mensch dem Menschen hinzufügt«, dann bedeutet Erziehung die effektive Ausprägung des Menschlichen dort, wo es nur als Möglichkeit existiert. Bevor das Kind erzogen wird, hat es keine eigene Persönlichkeit, die durch Unterricht unterjocht werden könnte, sondern nur eine Reihe gattungsgemäßer Veranlagungen als Ergebnis des biologischen Zufalls. Durch die Lehrzeit festigt sich die einzigartige persönliche Identität des Kindes (und zwar nicht nur, indem man sich dieser Lehrzeit unterwirft, sondern auch, indem man gegen sie rebelliert und auf ihrer Grundlage Neues schafft).

Natürlich handelt es sich dabei um eine Form der Konditionierung, die aber nicht irgendeiner ursprünglichen angeborenen Freiheit ein Ende setzt, sondern erst ermöglicht, daß aufblühen kann, was wir aus menschlicher Sicht Freiheit nennen. Sogar die schlechteste Bildung fördert mit ihrer Konditionierung die Menschlichkeit der Person, während sie in einem trügerischen, wilden und unkonditionierten Stadium der Unberührtheit für immer blockiert bliebe. Wie es der Psychoanalytiker und Anthropologe Géza Róheim ausgedrückt hat, »ist es paradox zu versuchen, die nichtkonditionierte menschliche Natur kennenzulernen, denn das Wesen der menschlichen Natur ist es, konditioniert zu sein«. Deshalb ist es so wichtig, über die beste Art dieser Konditionierung nachzudenken.

Der Mensch wird durch seine Lehrzeit zum Menschen, aber diese humanisierende Lehrzeit hat ein alles entscheidendes Charakteristikum: Wäre der Mensch nur ein lernendes Tier, könnte es ausreichen, aus seiner eigenen Erfahrung und dem

Umgang mit den Dingen zu lernen. Es wäre ein langwieriger Prozeß, der jeden Menschen zwingen würde, praktisch bei Null anzufangen, aber es wäre keineswegs unmöglich. Tatsächlich erwerben wir einen guten Teil unserer elementarsten Kenntnisse auf diese Weise, indem wir uns angenehm oder schmerzhaft an den Realitäten der uns umgebenden Welt reiben. Aber wenn wir keine andere Art der Lehre hätten, würde uns das spezifisch Humanisierende des Bildungsprozesses fehlen, auch wenn wir es vielleicht schaffen würden, physisch zu überleben. Denn das Eigentümliche am Menschen ist nicht so sehr das bloße Lernen, sondern das Lernen von anderen Menschen und die Unterweisung durch sie. Unser Lehrmeister ist nicht die Welt, die Dinge, die natürlichen Ereignisse, nicht einmal dieses Gefüge aus Techniken und Ritualen, das wir »Kultur« nennen, sondern die intersubjektive Verbindung mit dem Bewußtsein anderer.

Tarzan kann in seiner Strandhütte vielleicht allein lesen lernen und sich mit Hilfe der Bibliothek seiner verstorbenen Eltern in Geschichte, Geographie und Mathematik auf den neuesten Stand bringen, aber er hat immer noch keine menschliche Bildung erhalten. Und die wird er so lange nicht haben, bis er Jane, die Watussi und andere Menschen kennengelernt hat. Das ist ein wesentlicher Punkt, den die Begeisterung für die Kultur als Akkumulation von Wissen (beziehungsweise für jede Kultur als vermeintliche »kollektive Identität«) gewöhnlich übersieht.

Einige scharfsinnige Anthropologen haben diese Einseitigkeit korrigiert, wie zum Beispiel Michael Carrithers: »Ich behaupte, daß die Individuen, die miteinander in Beziehung stehen, und der interaktive Charakter des gesellschaftlichen Lebens etwas wichtiger, wahrer sind als diese Objekte, die wir

Kultur nennen. Gemäß der Kulturtheorie tun Menschen etwas aufgrund ihrer Kultur; gemäß der Theorie der Soziabilität tun sie etwas mit, für und in Beziehung zu anderen, wobei sie Mittel benutzen, die wir, wenn wir wollen, als kulturell beschreiben können.« Die Bestimmung jedes Menschen ist nicht die Kultur, nicht einmal streng gesehen die Gesellschaft als Institution, sondern die *Mitmenschen*. Erziehung muß von dieser fundamentalen Tatsache ausgehen, um menschlich relevantes Wissen zu vermitteln.

Kurz gesagt: Unsere Mitmenschen zu unterrichten und von ihnen zu lernen ist für die Verwirklichung unserer Menschlichkeit wichtiger als irgendwelche konkreten Kenntnisse, die auf diese Weise verewigt oder übermittelt werden. Von den Dingen können wir Wirkungen oder Funktionsweisen lernen, so wie es einem aufgeweckten Schimpansen – nach längerem Probieren – gelingt, zwei Rohre zusammenzustecken, um ein hochhängendes Bananenbüschel zu erreichen. Aber aus dem Umgang mit den Mitmenschen erlernen wir *Bedeutungen* und jenen Austausch mit anderen, in dem diese Bedeutungen ständig verändert und neu festgelegt werden. Das menschliche Leben besteht darin, eine Welt zu bewohnen, in der die Dinge nicht nur das sind, was sie *sind*, sondern auch das, was sie *bedeuten*. Aber die menschlichste Erkenntnis von allen ist zu verstehen, daß das, was die Realität bedeutet, in unseren Kompetenzbereich fällt, unser Problem und in gewissem Maß unsere Option ist, auch wenn die Realität selbst nicht von uns abhängt. Unter »Bedeutung« darf man keine mysteriöse Eigenschaft der Dinge an sich verstehen, sondern die geistige Form, die wir Menschen ihnen geben, um mit ihrer Hilfe in Beziehung zueinander zu treten.

Man kann viel über das lernen, was uns umgibt, ohne daß uns jemand direkt oder indirekt unterrichtet (so erwerben wir einen großen Teil unserer funktionellsten Kenntnisse), aber den Schlüssel für den symbolischen Garten der Bedeutungen müssen wir immer von unseren Mitmenschen erbitten. Von da rührt der tiefgreifende Irrtum (von Jerome Bruner in seinem oben erwähnten Buch treffend beschrieben), die Dialektik der Erziehung mit dem Programmieren eines Computers gleichzusetzen. Es ist nicht das gleiche, *Informationen zu verarbeiten* und *Bedeutungen zu verstehen*. Ganz zu schweigen davon, an der Veränderung der Bedeutungen mitzuwirken oder neue zu erzeugen.

Und der Einwand gegen diesen zutiefst inakzeptablen gedanklichen Vergleich geht über die gängige Unterscheidung zwischen »Information« und »Bildung« hinaus, wie wir im nächsten Kapitel sehen werden. Selbst um für Menschen nützliche Informationen zu verarbeiten, benötigt man eine vorherige und grundlegende Schulung im Verstehen von Bedeutungen. Und zwar weil Bedeutung etwas ist, was ich nicht in der Isolation erfinden, erwerben oder behaupten kann, sondern was vom Verstand der anderen abhängt, das heißt von der Fähigkeit, am Denken der anderen teilzunehmen – worin meine eigene Existenz als geistiges Wesen besteht.

Die wahre Erziehung besteht nicht nur darin, anderen das Denken beizubringen, sondern auch im Lernen, *über das Gedachte nachzudenken*, und dieser reflexive Moment – der mit äußerster Klarheit unseren evolutionären Sprung im Vergleich zu anderen Arten deutlich macht – erfordert die Feststellung unserer Zugehörigkeit zu einer Gemeinschaft denkender Wesen. Alles kann privat und unaussprechlich sein – Gefühle,

Antriebe, Wünsche etc. –, nur jenes Charakteristikum nicht, das uns zu Teilhabern des symbolischen Universums macht, das wir »Menschheit« nennen.

In seiner geistreichen *Vorlesung über Pädagogik* stellt Kant fest, daß wir die Erziehung immer von anderen menschlichen Wesen erhalten (»Es ist zu bemerken, daß der Mensch nur durch Menschen erzogen wird, durch Menschen, die ihrerseits erzogen sind«), und er weist auch auf die Beschränkungen hin, die damit verbunden sind: Die Mängel der Erzieher beeinträchtigen nämlich die Möglichkeiten der Schüler, sich zu vervollkommnen. »Wenn einmal ein Wesen höherer Natur sich unserer Bildung annähme«, seufzt Kant, »so würde man doch sehen, was aus dem Menschen werden könne.«

Dieser kantische Wunsch erinnert mich an einen intelligenten Science-fiction-Roman von Arthur C. Clarke mit dem Titel *Die letzte Generation*: Ein extraterrestrisches Raumschiff landet auf unserem Planeten, und aus seinem Inneren heraus – immer verborgen – befriedet ein höheres Wesen unsere wilden Artgenossen und unterweist sie auf tausenderlei Art. Am Ende zeigt der fremde Wohltäter sich der Welt, die er durch seine physische Erscheinung erschreckt, denn er hat Hörner, einen Schwanz und die Füße eines Ziegenbocks. Hätte er sich zu früh gezeigt, hätte niemand seinen Unterweisungen Beachtung geschenkt, und es wäre nicht möglich gewesen, die Menschen von seinem Wohlwollen zu überzeugen.

In solchen Formen der höheren Pädagogik – seien es Teufel, Engel, Marsmenschen oder Gott selbst, die das Lehrerteam bilden, wie es Kant zumindest rhetorisch zu wünschen scheint – würden die Vorteile nicht die Nachteile kompensieren, weil man immer etwas Wesentliches verlieren würde: die

Verwandtschaft zwischen Lehrenden und Lernenden. Das Hauptfach, das sich die Menschen gegenseitig lehren, lautet »Worin besteht das Menschsein?«, und diese Materie, egal mit welchen Mängeln sie sonst behaftet sein mag, kennen die Menschen selbst besser als übernatürliche Wesen oder die hypothetischen Bewohner der Sterne. Jede Pädagogik, die aus einer fremden Quelle stammt, würde uns der wesentlichen Lektion berauben, das Leben und die Dinge *mit menschlichen Augen* zu sehen.

Entsprechend muß das erste Ziel der Erziehung darin bestehen, uns die *Realität unserer Mitmenschen* bewußtzumachen. Das heißt, wir müssen lernen, uns in sie hineinzuversetzen, was nicht einfach mit der strategischen Fähigkeit gleichzusetzen ist, ihre Reaktionen vorherzusehen und ihnen zuvorzukommen, um sie zu unseren Gunsten zu beeinflussen. Es bedeutet vielmehr vor allem, ihnen einen Geisteszustand ähnlich dem unseren zuzuerkennen, von dem auch die Qualität unseres eigenen abhängt. Es bedeutet weiter, sie als Subjekte und nicht als bloße Objekte anzusehen, als Protagonisten ihres eigenen Lebens und nicht als bedeutungslose Statisten unseres Lebens.

Der Dichter W. H. Auden bemerkte, daß »die Leute uns in dem Maße ›real‹ erscheinen, das heißt als Teil unseres Lebens, in dem wir uns bewußt sind, daß unser jeweiliger Wille sich durch gegenseitige Beeinflussung ändert«. Das ist zweifellos die Grundlage des Sozialisationsprozesses (und auch das Fundament jeder gesunden Ethik), aber in erster Linie ist es die Ausgangsbasis der wirksamen Humanisierung potentieller Menschen, vorausgesetzt, man versteht den Begriff »Willen«, wie er von Auden verwendet wird, in angemessener Weise auch als »Teilhabe an der Schaffung von Bedeutungen«. Die Wirklichkeit unserer Mitmenschen bedeutet, daß wir alle in der gleichen Geschichte mitspielen: Sie wird uns von den anderen erzählt, und mit ihrem Zuhören geben sie dem Bedeutung, was auch wir ihnen erzählen. Niemand ist ein einsames und isoliertes Subjekt, sondern jeder ist immer schon Subjekt unter Subjekten. Der Sinn des menschlichen Lebens ist kein Monolog, sondern entsteht aus dem Austausch von Einsichten, der Polyphonie des Chorals. Zuallererst ist Erziehung die Enthüllung der anderen, des menschlichen Wesens als eines Konzerts unabänderlicher Komplizenschaft.

Vielleicht ist vieles von dem, was ich bis jetzt gesagt habe, manchen Lesern zu abstrakt, aber für die sich anschließenden Überlegungen bildet es, wie ich meine, eine unerläßliche Voraussetzung. Ich möchte hier eine elementare philosophische Betrachtung der Erziehung beginnen, und jede Philosophie verpflichtet dazu, die Dinge von oben in Augenschein zu nehmen, damit der Blick das Wesentliche aus Vergangenheit und Gegenwart erfaßt und vielleicht einen Schimmer der Zukunft erhascht. Ich bitte also um Entschuldigung, empfehle gegebenenfalls, das bisher Gesagte noch einmal geduldig und wohlwollend zu lesen, und fahre fort.

Kapitel 2

Die Inhalte der Erziehung

Wie wir gesehen haben, ist die Lehrzeit durch den Austausch mit anderen Menschen und die wohlüberlegte Vermittlung von Leitbildern, Techniken, Werten und Erinnerungen für jeden einzelnen ein notwendiger Prozeß, um schließlich zur vollen menschlichen Reife zu gelangen. Um Mensch zu sein, genügt es nicht, geboren zu werden, sondern man muß auch lernen. Genetisch sind wir dazu bestimmt, Mensch zu werden, aber nur durch die Erziehung und das Zusammenleben in Gesellschaft werden wir es wirklich. Nicht einmal bei den Tieren reicht das rein biologische Erbe aus, um zu einem voll ausgebildeten Exemplar der Gattung zu werden (einige höhere Säugetiere und gewisse in Gemeinschaft lebende Insekten vermitteln sich gegenseitig Kenntnisse durch Imitation, und deren Unterschied zur eigentlichen Erziehung haben wir im vorigen Kapitel schon behandelt), aber im Falle des Menschengeschlechts ist dieser nicht erbliche Bildungsprozeß absolut unverzichtbar.

Vielleicht muß man nicht notwendigerweise das genetische Programm der sozialen Lehrzeit gegenüberstellen, also das biologisch Ererbte streng von dem trennen, was unsere Mitmenschen an uns weitergeben. Einige Verhaltensforscher wie Eibl-Eibesfeldt sind der Auffassung, daß wir genetisch dazu programmiert sind, Fertigkeiten zu erwerben, die uns nur die anderen beibringen können, so daß sich biologisches und kulturelles Erbe wechselseitig ergänzen und voneinander abhängen.

Das erste, was Erziehung jedem denkenden Wesen vermittelt, ist die Erkenntnis, daß wir nicht die einzigen sind, daß unsere Natur den bedeutsamen Austausch mit anderen Artgenossen in sich schließt, welche unsere Natur bestätigen und erst ermöglichen. Die zweite, sicher nicht weniger relevante Erkenntnis ist, daß unsere Gattung nicht mit uns beginnt, sondern wir in eine Welt kommen, in der Menschen bereits auf tausenderlei Arten ihre Spuren hinterlassen haben und in der schon eine Tradition von Techniken, Mythen und Riten existiert, an der wir teilhaben und in der wir unsere Erziehung erhalten werden.

Für den Menschen sind dies die beiden ursprünglichen Entdeckungen, die ihn für sein eigenes Leben öffnen: die Gesellschaft und die Zeit. Im sozialen Milieu bilden sich seine Fähigkeiten und biologischen Begabungen zu wirklicher Menschlichkeit aus, die nur von den Mitmenschen kommen kann; aber er lernt auch, daß diese Mitmenschen nicht alle anwesend sind, daß viele bereits gestorben sind und daß ihre Entdeckungen oder Kämpfe für ihn trotzdem lebenswichtige Lektionen darstellen, genauso wie andere noch nicht geboren sind, auch wenn er sie berücksichtigen muß, um die Ordnung der Dinge aufrechtzuerhalten oder wiederherzustellen.

Keine unserer Entdeckungen ist charakteristischer, entscheidender, aber auch beängstigender als die *Zeit*: Die Tatsache, daß alle symbolischen Modelle, nach denen die Menschen in jeder Kultur ihr Leben organisieren, unweigerlich zeitlicher Natur sind, daß es keine Gemeinschaft gibt, die nicht von der Vergangenheit weiß und sich nicht auf die Zukunft ausrichtet, ist vielleicht der am wenigsten tierische Wesenszug in uns. Der spanische Philosoph José Gaos schrieb im Exil in Mexiko ein Buch mit dem Titel *Dos exclusivas del hombre: la mano y el tiempo* (»Zwei Monopole des Menschen: die Hand und die Zeit«). Die Funktion der Hand erscheint mir, ungeachtet der vielen technischen Fähigkeiten, die durch die zweibeinige Gangart möglich wurden, weniger relevant als die Zeit. Das zeitliche Panorama ist das Gegengewicht zum Bewußtsein unseres unerbittlichen Todes, das uns unter allen Lebewesen schrecklich isoliert. Tiere brauchen keinen Begriff von der Zeit, da sie nicht wissen, daß sie sterben werden. Wir Menschen dagegen erweitern mit Hilfe der Zeit die Grenzen einer Existenz, die wir als vergänglich erkennen, und hüllen unsere Gegenwart in Mythen, die diese Gegenwart in Frage stellen oder ihr eine besondere Bedeutung geben, und wir stellen uns ein Jenseits vor (egal, ob irdisch oder überirdisch), das uns tröstet.

Mittels der Erziehung werden wir nicht in die Welt geboren, sondern in die Zeit. Wir sehen uns mit Symbolen und vergangenem Ruhm beladen, mit immer zahlreicheren Drohungen und Zukunftshoffnungen, deren Last die persönliche Gegenwart kaum entrinnt. Es ist verlockend, aber ungenau zu sagen, daß die unbeseelten Gegenstände oder die Tiere in ewiger Gegenwart verharren. Wer keine Zeit besitzt, kann auch keine Gegenwart haben. Einige Gegner der Zeit, die versucht haben, sich rhetorisch – und nur so ist es möglich – von ihr zu lösen, indem sie sie nicht als Kompensation des Todes betrachten, sondern als dessen Inbegriff, weisen auch die Verpflichtung der Gegenwart von sich:

Was ist denn die Gegenwart?
Sie ist auf Vergangenes und Zukünft'ges bezogen.
Sie ist vorhanden, weil andere Dinge vorhanden sind.
Ich will nur die Wirklichkeit, die Dinge ohne die Gegenwart.

Ich will nicht die Zeit in mein Schema einbeziehen.
Ich will nicht an die Dinge als gegenwärtige denken;
ich will an sie denken als Dinge.
Ich will sie nicht von sich selber trennen und als gegenwärtige
ansehen.

(Fernando Pessoa, *Verstreute Gedichte*)

Dennoch, trotz solcher poetischer Rebellionen, ist die Zeit unser Spielfeld. Wie es Juan Delval ausdrückt, der sich intensiv mit Erziehungsfragen beschäftigt: »Der Umgang mit der Zeit ist die Quelle unserer Größe und der Ursprung unseres Elends, und er ist ein wesentlicher Bestandteil unserer Denkmodelle.« Erziehung ist wesentlich mit der Zeit verbunden, als bewußte und sozial notwendige Vermittlung einer kollektiv erarbeiteten Erinnerung, eines gemeinsamen schöpferischen Vorstellungsvermögens. Es gibt keine Erziehung ohne Zeitbewußtsein, ohne direkte oder indirekte Reaktion auf die Zeit, auch wenn die kulturellen Inhalte dieses Bewußtseins – ob die Zeit nun zyklisch, linear, transzendent oder immanent, als gewaltige oder winzige Spanne aufgefaßt wird – äußerst unterschiedlich sind.

Und die Zeit verleiht auch den Erziehern die notwendigste Qualifikation, wie wir im vorigen Kapitel angedeutet haben: Das erste Erfordernis für die Erziehung anderer ist, eine Zeitlang *vor* ihnen gelebt zu haben, das heißt, nicht nur einfach gelebt zu haben – es ist möglich und kommt häufig vor, daß ein Jüngerer einem Älteren etwas beibringt –, sondern vorher das Wissen selbst erfahren zu haben, das man weitergeben will. Gewöhnlich erfüllen die Erwachsenen und Alten gegenüber den sehr Kleinen diese Anforderung, vor allem in jenen Gesellschaften, die sich mehr auf die mündliche Überlieferung als auf die schriftliche stützen, aber die Weisheit hat ihre eigene Form der Zeitlichkeit, und die Erfahrung schafft einen in der Vergangenheit erworbenen Schatz von Einsichten, die wir immer jemandem vermitteln können, der sie nicht hat, auch jemandem, der in biologischer Hinsicht älter ist als wir. Daraus ergibt sich, daß wir alle fähig sind, unsere Mitmenschen etwas zu lehren, und daß es sogar unvermeidlich ist, daß wir alle früher oder später – wenn auch nur in geringstem Umfang – bei irgendeiner Gelegenheit zu Lehrern werden.

Die Funktion des Lehrens ist so tief in der menschlichen Natur verwurzelt, daß man zugeben muß, daß jeder lehren kann, was freilich die Schulmeister der Pädagogik gewöhnlich reizt, sehen sie doch durch dieses Eingeständnis ihr Lehramt bedroht, über das sie das Monopol zu haben glauben. Kinder zum Beispiel sind die besten Lehrer anderer Kinder, etwa beim Erlernen verschiedener Spiele, also keineswegs in trivialen Dingen. Gibt es etwas Überflüssigeres als die Bemühungen von Erwachsenen, Kindern beizubringen, wie man mit Murmeln und Puppen oder wie man Verstecken spielt, als ob ihre Spielkameraden dafür nicht ausreichten? Die Älteren wollen unbedingt, daß Kinder so spielen, wie sie selbst gespielt haben, während die aufgewecktesten Kinder anderen schon von sich aus Spiele beibringen, wobei sie die kulturelle Tradition des Spielens bewahren, aber auch subtil verändern.

Kinder belehren sich gegenseitig, die Jungen unterweisen heutzutage ihre Eltern im Gebrauch hochkomplizierter Geräte, und die Alten weihen Jugendliche in das Geheimnis von handwerklichen Künsten ein, die in der heutigen Eile in Vergessenheit geraten, aber sie lernen auch ihrerseits von ihren Enkeln Gewohnheiten und unerwartete Fertigkeiten, die ihr Leben angenehmer machen können. Auf dem Gebiet der Erotik war das erfahrene Lehramt der reifen Frau in unserer Kultur – besonders im 18. und 19. Jahrhundert – für junge Männer oft entscheidend. In dieser Beziehung waren Frauen gewöhnlich großzügig und korrigierten die Ungeschicklichkeit und gefühlsmäßige Unreife der Neulinge, während umgekehrt Männer eher dazu neigen, solche Mängel bei jungen Frauen auszunutzen und zu verewigen, um ihr Vergnügen zu haben oder ihre Macht zu festigen.

Es gibt noch viel mehr Beispiele aus anderen Bereichen: Wir können über die indirekte Erziehung reden, die uns allen dauernd zuteil wird, Jungen und Alten, und zwar durch die Werke und Beispiele, mit denen Stadtplaner, Architekten, Künstler, Ökonomen, Politiker, Journalisten, die Schöpfer von Bildern und Klängen usw. unseren Alltag beeinflussen. Die menschliche Natur gibt uns allen die Möglichkeit, zumindest bei einer Gelegenheit Lehrer in etwas zu sein. Aus meiner keineswegs glorreichen (oder erfreulichen) Wehrdienstzeit bewahre ich eine nützliche Lektion: Der Hauptmann zeigte mir, wie man einen Scheck ausfüllt – eine winzige Aufgabe, die ich bis dahin nie durchgeführt hatte. Wenn man sogar beim Militärdienst etwas Nützliches lernen kann, beweist das ohne jeden Zweifel, daß sich niemand davon befreien kann, zu unterrichten oder unterrichtet zu werden, egal in welcher Situation.

Da in der gesamten menschlichen Gemeinschaft das gegenseitige Unterrichten allgemein und obligatorisch ist, könnte es auf den ersten Blick unnötig scheinen, die Lehre zu einem *Beruf* einiger weniger zu machen. Tatsächlich hatte ein großer Teil der »primitiven« Völker keine besonderen Bildungseinrichtungen: Die Erfahrensten unterrichteten die Unerfahrenen, ohne dafür ein Gremium von Spezialisten im Lehren zu bilden. Und noch in unseren Tagen findet ein großer Teil der Erziehung auf diese Art statt, auch in den entwickeltsten Gesellschaften – zum Beispiel in den Familien durch die Eltern für die Kinder. So lernen wir die Sprache, die grundlegendste aller Kenntnisse und den Schlüssel für alle anderen.

Aber jene »primitiven« Gesellschaften besaßen nur wenige empirische Kenntnisse und praktisch nur eine einzige Lebensform, die für alle Männer und Frauen gleich war. Die Eltern konnten ihren Kindern ihren Beruf oder ihre Art der Marmeladezubereitung beibringen, aber keine anderen Berufe, keine anderen gastronomischen Spezialitäten und vor allem keine hochkomplexen Wissenschaften. Und dies, weil zwar jeder in der Lage ist, etwas zu lehren (und er unweigerlich in seinem Leben jemandem etwas beibringt), andererseits aber nicht jeder dazu fähig ist, jede beliebige Sache zu unterrichten.

Bildungseinrichtungen entstehen dort, wo wissenschaftliches – nicht nur empirisches und traditionelles – Wissen zu vermitteln ist, wie die höhere Mathematik, die Astronomie oder die Grammatik. Mit der kulturellen Entwicklung menschlicher Gemeinschaften werden die Kenntnisse immer abstrakter und komplexer, weshalb es schwierig oder unmöglich ist, daß jedes Mitglied der Gruppe sie in ausreichendem Maße besitzt, um sie anderen zu vermitteln. Gleichzeitig erhöht sich die Anzahl der spezialisierten Berufe, die nicht innerhalb der Familie weitergegeben werden können. Daher entstehen besondere Lehrinstitutionen, die niemals die Bildungsfunktion monopolisieren können – auch wenn manchmal die berufliche Eitelkeit der dort Lehrenden diesen Anschein erweckt –; vielmehr nehmen sie ihren Platz neben den weniger formalisierten und verschwommeneren Formen des sozialen Lernens ein, die so unentbehrlich sind wie die institutionalisierte Bildung. Nicht alles kann man zu Hause oder auf der Straße lernen, wie einige weltfremde Spontis glauben, die von jungsteinzeitlicher Einfachheit träumen. Aber auch Oxford oder Tübingen mit ihren renommierten Universitäten haben keine magische Kraft, die völlig anders wäre als die des Mädchens, das einem anderen im Park Seilspringen beibringt.

Erziehung gibt es also überall, und jeder bringt einem anderen etwas bei, manchmal spontan und manchmal in formellerer Form – aber was kann man lehren, und was soll man lernen? Wir sagten weiter oben, daß uns Erziehung grundsätzlich unsere symbolische Verwandtschaft mit den anderen Mitmenschen offenbart, ohne die unsere Menschlichkeit sich nicht voll verwirklichen kann, und die zeitliche Natur unserer Existenz, in der wir leben müssen, und zwar als Teil einer Erkenntnistradition, die nicht mit uns Heutigen beginnt und die nach uns fortbestehen wird. Jetzt ist der Augenblick gekommen, etwas mehr ins Detail zu gehen. Wir sagten schon, daß alle menschliche Erziehung bewußt und erzwungen ist und nicht nur auf Nachahmung, auf bloßer Mimesis beruht. Es scheint daher angebracht, die konkreten Ziele einer solchen Erziehung zu präzisieren und abzuwägen.

Wenn wir diese Aufgabe der schier uferlosen Breite philosophischen Denkens gegenüberstellen, erscheint dieses Unterfangen überwältigend. Zu Recht sagt Juan Delval: »Das Nachdenken über die Ziele der Erziehung ist eine Reflexion über das Schicksal des Menschen, über die Stellung, die er in der Natur einnimmt, über die Beziehungen zwischen den Menschen.« Ich beeile mich, meine Unfähigkeit und auch Unlust zuzugeben, solche Fragen mit der gebotenen Gründlichkeit aufzugreifen; ich kann sie hier nur streifen. Andererseits wäre es vermessen, sie beiläufig und aus einer rein subjektiven Perspektive abhandeln zu wollen. Unsere gegenwärtige Gesellschaft ist hinsichtlich ihrer Wertvorstellungen sehr komplex und in vielerlei Hinsicht zerrüttet, es gibt jedoch auch gemeinsame Prinzipien, die stillschweigend akzeptiert und ebendeshalb leicht übersehen werden. Vielleicht können wir heute, auf dem gegenwärtigen Stand der Moderne, gewisse Dinge als selbstverständlich voraussetzen, sei es auch nur, um von ihnen ausgehend weiter zu forschen. Natürlich ist dabei im Auge zu behalten, daß der radikale Zweifel am scheinbar fraglos Gültigen ein unwiderruflicher Teil unseres kulturellen Erbes ist.

Wie bei grundsätzlichen Fragen üblich und nützlich, greifen wir zunächst auf die alten Griechen zurück. Auch wenn es im Laufe ihrer Geschichte – je nach Stadtstaat *(polis)* und Epoche – verschiedene Arten von *paideia* (dem griechischen Erziehungsideal) gegeben hat, fällt in die Spätzeit des Hellenismus die Einführung einer Zweiteilung der Funktionen, die in gewisser Hinsicht bis heute fortdauert: die Trennung der eigentlichen Erziehung vom Unterrichten. Beide Funktionen wurden von einer besonderen Lehrperson ausgeübt – dem Pädagogen und dem Lehrer. Der Pädagoge war ein Diener, der zum Haus gehörte, mit den Kindern oder Heranwachsenden zusammenlebte und sie mit den Wertvorstellungen der Stadt vertraut machte, ihren Charakter formte und über ihre sittliche Entwicklung wachte. Dagegen stand der Lehrer außerhalb der Familie. Er vermittelte den Kindern eine Reihe instrumenteller Kenntnisse wie Lesen, Schreiben und Rechnen. Der Pädagoge war Erzieher, dessen Aufgabe eine grundlegende Bedeutung beigemessen wurde, während der Lehrer nur ein Ausbilder war, dessen Rolle man als sekundär betrachtete. Dies, weil die Griechen das *aktive* Leben, das die freien Bürger in der *polis* führten, um sich der Gesetzgebung und der politischen Debatte zu widmen, vom *produktiven* Leben, dem Leben der Bauern, Handwerker und Sklaven, unterschieden. Die Erziehung durch den Pädagogen war unerläßlich, um sich im »aktiven« Leben auszuzeichnen, während die Unterweisungen des Lehrers sich eher darauf richteten, in Fähigkeiten zu schulen, um das »produktive« Leben zu erleichtern oder zu lenken.

Im allgemeinen wurde die Erziehung, die sich auf die Formung der Seele und die respektvolle Pflege der moralischen und patriotischen Werte richtete, höher eingestuft als die Lehre, die technische Fertigkeiten oder theoretisches Wissen vermittelte. Und das war sogar in weniger herrschaftlichen Zeiten als der griechischen Klassik so, als Arbeit nicht mehr mit Verdruß oder Hochmut betrachtet wurde. Dennoch erhielt die technisch-wissenschaftliche Ausbildung im Unterricht erst Ende des 18. Jahrhunderts eine der bürgerlich-moralischen Erziehung vergleichbare Bedeutung. In seiner großen *Enzyklopädie* scheut Diderot nicht davor zurück, vorher so verachtete Tätigkeiten wie das Maurerhandwerk oder die Kochkunst zu behandeln, und allen Aufgeklärten jener Epoche galt die Geometrie als das scharfsinnigste, vernünftigste und von Vorurteilen unabhängigste intellektuelle Talent.

Seitdem setzte sich immer mehr die Überzeugung durch, daß die durch Ausbildung vermittelten Kenntnisse unerläßlich seien, um eine egalitäre und tolerante Erziehung zu ermöglichen, mit der sich die erbaulichen Gemeinplätze der religiösen oder lokalpatriotischen Tradition überwinden lassen. Schließlich kehrte sich die Wertschätzung um, und die technischen Kenntnisse – je spezialisierter und für die Erhöhung der Arbeitsleistung geeigneter sie waren, desto besser – wurden über die bürgerliche und moralische Bildung gestellt, die nun zu unendlichen Kontroversen Anlaß gab.

Das wissenschaftliche Modell des Wissens ist eher einheitlich, während bei den moralischen und politischen Erziehungsansätzen eine mißtönende Vielfalt herrscht. Infolgedessen empfehlen einige, die institutionelle Bildung solle sich an das Sichere und Praktische halten und ganz gezielt auf das Arbeitsleben vorbereiten, während sie die Verantwortung für die umstritteneren Formen der Sozialisation der Familie und anderen Instanzen überläßt. Im nächsten Kapitel kommen wir ausführlicher auf solche Überlegungen zurück.

Der Gegensatz von Erziehung versus Ausbildung ist mittlerweile eine ganz überholte Scheinopposition. Niemand wird heute noch ernsthaft behaupten wollen, die bürgerliche und moralische Autonomie eines Bürgers könne sich festigen, ohne all das zu wissen, was notwendig ist, um beruflich allein zurechtzukommen. Und die beste technische Vorbereitung ohne eine grundlegende Entwicklung moralischer Qualitäten oder einer minimalen politischen Unabhängigkeit wird niemals reife Persönlichkeiten hervorbringen, sondern nur bezahlte Roboter. Außerdem ist eine Trennung von Erziehung und Ausbildung nicht nur unerwünscht, sondern auch unmöglich, weil man nicht erziehen kann, ohne auszubilden, und umgekehrt. Wie kann man moralische oder bürgerliche Werte vermitteln, ohne auf historische Informationen zurückzugreifen, ohne die gültigen Gesetze und das etablierte Regierungssystem zu berücksichtigen, ohne über andere Kulturen und Länder zu reden, ohne zumindest elementare Überlegungen über die menschliche Psychologie oder Physiologie anzustellen, oder ohne philosophische Begriffe zu gebrauchen? Und wie kann man jemandem wissenschaftliche Kenntnisse vermitteln, ohne ihm Achtung vor so menschlichen Werten wie Wahrheit, Genauigkeit oder Neugier einzuflößen? Kann jemand Techniken oder Künste erlernen, ohne sich gleichzeitig in dem zu bilden, was das gesellschaftliche Zusammenleben ausmacht, und zu erfahren, was Menschen ersehnen und fürchten?

Lassen wir für den Augenblick die falsche Dichotomie zwischen Erziehung und Ausbildung beiseite. Es gibt intellektuell anregendere Gegensatzpaare, wie die von John Passmore eingeführte Unterscheidung zwischen *offenen* und *geschlossenen Fähigkeiten*. Wir erlernen gewisse Fähigkeiten, die wir »geschlossen« nennen können. Einige davon sind streng funktional, wie gehen, sich anziehen oder sich waschen, andere sind komplizierter, wie lesen, schreiben, mathematische Berechnungen anstellen oder einen Computer bedienen. Das Charakteristische an diesen höchst nützlichen und in vielen Fällen für das tägliche Leben unerläßlichen Fähigkeiten ist, daß man sie perfekt beherrschen kann. Mancher wird sich geschickter dabei anstellen oder sie rascher durchführen, aber wenn man einmal ihr Geheimnis erkannt hat, wenn man »den Dreh raushat«, kann man nicht mehr viel dazulernen. Wenn jemand sie anwenden kann, weiß er, wieviel man über sie wissen muß, und größere Fortschritte oder eine größere Virtuosität in ihrer Durchführung sind kaum noch möglich: Wenn man einmal das Lesen, Rechnen oder Zähneputzen gelernt hat, dann kann man ein für allemal lesen, rechnen oder sich die Zähne putzen.

Die »offenen« Fähigkeiten dagegen erfordern eine allmähliche und in gewissem Sinn endlose Aneignung. Einige sind elementar und universell, wie sprechen oder denken, andere zweifellos fakultativ, wie dichten, malen oder komponieren. Zu Anfang beruhen auch die offenen Fähigkeiten wie die geschlossenen auf grundlegenden »Kniffen« oder einem »Dreh«, und gelegentlich bauen sie sogar auf geschlossenen Fähigkeiten auf (zum Beispiel muß man, bevor man Gedichte schreibt, lesen und schreiben können). Aber ihr Merkmal ist, daß sie nie perfekt beherrscht werden können, daß jeder seine Kenntnis von ihnen endlos weiterentwickelt, ohne daß man sagen kann, er könne nicht mehr in relevantem Umfang dazulernen.

Ein weiterer Unterschied besteht darin, daß die wiederholte und routinemäßige Anwendung von geschlossenen Fähigkeiten sie leichter und sicherer macht und Probleme löst, die für den Neuling am Anfang noch vorhanden sind. Im Gegensatz dazu bieten sich, je weiter man in den offenen Fähigkeiten fortgeschritten ist, immer mehr abweichende Optionen, und es entstehen Probleme größeren Umfangs. Geschlossene Fähigkeiten verlieren, wenn man sie einmal beherrscht, ihren Reiz, auch wenn sie ihre volle instrumentelle Geltung behalten. Offene Fähigkeiten dagegen werden immer anregender, aber auch unsicherer, je weiter man in ihrem Studium vorankommt. Der Erfolg des Erlernens geschlossener Fähigkeiten besteht darin, sie anzuwenden und zu vergessen, daß man sie beherrscht. Bei offenen Fähigkeiten wird man sich dagegen immer bewußter, was man noch nicht weiß.

Folglich ist zweifellos die Fähigkeit zu lernen selbst eine hervorstechende offene Fähigkeit, vielleicht die notwendigste und menschlichste von allen. Und jeder gute Lehrplan muß in erster Linie auf dieses Können setzen, das sich nie erschöpft und alle übrigen Fähigkeiten erst ermöglicht, geschlossene oder offene, unmittelbar nützliche oder solche, die auf eine nie zu erreichende Vollkommenheit zielen. Die Fähigkeit zu lernen besteht aus vielen Fragen und einigen Antworten, aus persönlicher Suche und nicht aus institutionell angeordneten Entdeckungen, aus Kritik und Infragestellung statt aus gehorsamer Übernahme des allgemein Festgesetzten – mit einem Wort, aus permanenter *Aktivität* des Schülers und niemals darin, nur passiv zu akzeptieren, was der Lehrer an Wissen selbst verarbeitet hat und einem willfährigen Schüler eintrichtert.

Daher ist, wie schon mehrfach gesagt, das Wichtigste, *das Lernen zu lehren*. Nach dem Ausspruch von Jaime Balmes besteht die Kunst, anderen das Lernen beizubringen, im Bau von »Fabriken« und nicht von »Lagern«. Natürlich funktioniert eine Fabrik nicht ohne Material, aus dem neue Produkte hergestellt werden können, aber diese werden aus mehr gefertigt, als die Lagerbestände fremden Wissens hergeben. Der bissige Ambrose Bierce definierte in seinem *Wörterbuch des*

Teufels die Gelehrsamkeit als den »Staub, der aus einem Buch in einen leeren Schädel geschüttelt wurde«. Das ist ein ungerechter Scherz, weil eine gewisse Gelehrsamkeit unerläßlich ist, um die Fähigkeit des Gehirns zu wecken und zu nähren, aber er trifft ins Schwarze, wenn man darin eine Schmähung der Versuchung sieht, die Schulbildung in ein reines Abspeichern von Daten und großen Namen und in eine mechanische Verbeugung vor dem allgemein Akzeptierten und Respektierten zu verwandeln.

Kehren wir zu der zunächst recht fruchtlosen Gegenüberstellung von Erziehung und Ausbildung zurück. Erstere wäre somit der Gesamtheit der offenen Fähigkeiten gleichzusetzen – unter denen die Aneignung von Moralbegriffen und von kritischem Gemeinschaftssinn einen wichtigen Stellenwert einnimmt –, letztere hätte die geschlossenen Fähigkeiten zum Inhalt, die grundlegend und unerläßlich, aber für sich genommen noch nicht ausreichend sind. Streng utilitaristische Auffassungen (die gewöhnlich die nutzlosesten sind) unterstellen gewöhnlich, daß heute nur die Ausbildung zähle, um sich in der Gesellschaft eine einträgliche Position zu sichern, während Erziehung ein überflüssiger ideologischer Ballast sei, der zwar schön, aber eben zu nichts nütze sei. Diese Ansicht ist schlichtweg falsch, und das gerade heute noch mehr als früher, wo die Flexibilisierung der Arbeit und die ständigen technischen Innovationen nicht nur einen spezialisierten Unterricht, sondern genauso und mehr noch eine offene Erziehung erfordern, um in der Arbeitswelt eine gute Position zu erhalten.

Dieser Bewertung stimmen die wichtigsten Pädagogikexperten zu, die ich hier zu Rate gezogen habe. Nach Ansicht von Juan Delval ist »eine Person, die in der Lage ist, zu denken, Entscheidungen zu treffen, sich die notwendigen relevanten Informationen zu beschaffen, positive Beziehungen zu den anderen zu unterhalten und mit ihnen zusammenzuarbeiten, erheblich vielseitiger und anpassungsfähiger als diejenige, die nur eine Spezialausbildung hat«. Und noch mehr betont der Soziologe Juan Carlos Tedesco diesen Standpunkt: »Die Fähigkeit zur Abstraktion, Kreativität, die Fähigkeit, systemisch zu denken und komplexe Probleme zu verstehen, die Fähigkeit, sich mit anderen zusammenzutun, sich zu einigen und gut miteinander auszukommen sowie gemeinsame Projekte in Angriff zu nehmen, sind Fähigkeiten, die man im politischen und kulturellen Leben und ganz allgemein einsetzen kann. [...] Die wichtigste Änderung in den neuen Anforderungen an die Erziehung besteht darin, daß diese auf systematische Weise die Aufgabe der *Formung der Persönlichkeit* übernehmen muß. Produktive Tätigkeiten und die Aufgaben des Bürgers erfordern die Entwicklung von Fähigkeiten, die sich weder spontan noch durch den bloßen Erwerb von Informationen oder Kenntnissen herausbilden. Die Schule (oder, um vorsichtiger zu sein, die Formen institutionalisierter Bildung) muß, kurz gesagt, den grundlegenden Kern nicht nur für die kognitive Entwicklung, sondern auch für die Formung der Persönlichkeit bilden.« Nicht einmal der radikalste Utilitarismus berechtigt heute dazu – und hat dies wohl kaum je getan –, die Heranbildung sozialer und forschender Persönlichkeiten gegenüber der Vermittlung von Daten oder technischen Kenntnissen geringzuschätzen. Wir werden in den folgenden Kapiteln noch Gelegenheit haben, auf diese grundlegenden Fragen zurückzukommen.

Erziehung, Ausbildung, zahllose geschlossene oder offene

Fähigkeiten, streng funktionale oder kreative Kenntnisse: was die Schule heute vermitteln muß, ist so vielfältig geworden, daß man den Überblick verlieren könnte. Außerdem redet man von einem *verborgenen Curriculum*, das heißt von mehr oder weniger verschämten Zielen, die den Erziehungspraktiken unterliegen und durch die hierarchische Struktur der Institution verdeckt vermittelt werden. Vor mehr als sechs Jahrzehnten stellte Bertrand Russell fest: »Daß die Erziehung eines Menschen eigenen Staat, eines Menschen eigene Religion, das männliche Geschlecht und die Reichen favorisiert, wurde inzwischen zur Gewohnheit.« Und vor kurzem hat Michel Foucault die Mechanismen aufgezeigt, nach denen jedes Wissen und auch dessen etablierte Vermittlung eine Verbindung zur Macht oder, besser gesagt, zu den verschiedenen Mächten unterhalten, die auf dem sozialen Feld vereinheitlichend und disziplinierend handeln. Auch auf diese Punkte müssen wir später zurückkommen. Aber um dieses Kapitel zu beenden, wollen wir uns dem Hauptfach dieses »verborgenen Curriculums« zuwenden, das durch Verdeutlichung gewinnen würde und das – aus einem falsch verstandenen libertären Ansatz heraus – natürlich nicht beseitigt werden kann, ohne den Sinn der ganzen Erziehung zu entstellen. Ich meine die Vermittlung von *Modellen der Selbstachtung* als umfassendes Ergebnis der gesamten Schulzeit.

Da die Humanisierung ein Prozeß ist, in dem die Beteiligten sich gegenseitig das geben, was sie noch nicht haben, um es ihrerseits von den anderen zu erhalten, ist die *Anerkennung des Menschlichen* durch das Menschliche ein Imperativ auf dem Weg der persönlichen Reifung eines jeden Individuums. Das Kind muß in seiner Einzigartigkeit von den anderen wahrgenommen und anerkannt werden, um danach streben zu können, sich selbst im Umgang mit anderen ohne Angst und Ungleichgewicht in seiner Menschlichkeit zu bestätigen. Aber diese Anerkennung schließt immer eine Bewertung und Gewichtung ein, ein Vorbild, an dem ein Mensch gemessen wird. Die Anerkennung von Menschen durch andere Menschen ist nicht einfach die Feststellung einer Tatsache, sondern bedeutet den Vergleich mit einem Ideal. In eine Gemeinschaft zu kommen bedeutet, in ein Dickicht symbolischer Prüfungen einzudringen.

Einige Soziologen, besonders Pierre Bourdieu, haben die komplexe Suche nach *Differenzierung* erforscht, die den gesellschaftlichen Austausch beherrscht und auch die Formen der Erziehung erheblich beeinflußt. Eine der Hauptaufgaben von Erziehung ist es daher immer gewesen, Leitbilder und Normen zu fördern, die den einzelnen bei ihrer Suche nach Selbstachtung und Anerkennung helfen können.

Solche Leitbilder können allgemein auf falschen Kriterien beruhen, wie den von Russell aufgeführten (Reichtum, Geschlecht, Zugehörigkeit zu einer bestimmten Nation oder Religion, Rasse, Vorrangstellung in der Gesellschaft, Übereinstimmung mit einer Führungsschicht, blinder Gehorsam oder Fanatismus usw.), sie können aber auch auf anderen beruhen, die darauf gerichtet sind, persönliche Autonomie, wahres Wissen, Großzügigkeit oder Mut zu stärken. Wenn die Schule jedoch aus Furcht auf diese Funktion verzichtet und Selbsttäuschungen erliegt, wie der angeblichen Notwendigkeit zur Wertneutralität oder zum Wertrelativismus, dann ist eines gewiß, daß sich nämlich die Kinder und Heranwachsenden ihre Selbstachtung auf anderen Märkten holen werden, weil nie-

Die Inhalte der Erziehung

mand ohne sie leben kann. Wie Jerome Bruner anmerkt, »konkurriert die Schule in höherem Maße, als wir gewöhnlich meinen, bei der Vermittlung von Differenzierung, Identität und Selbstachtung mit unzähligen ›Antischulen‹ [...], sie konkurriert mit anderen Teilen der Gesellschaft, die ebenfalls solche Werte anbieten, vielleicht mit bejammernswerten Folgen für die Gemeinschaft«.

Die Modelle, welche die auf so lehrreiche Weise nicht lehrreichen audiovisuellen Medien, Straßenbanden, fundamentalistischen oder gewalttätigen politischen Bewegungen und so viele andere unheilverkündenden Angebote bereithalten, werden die Erziehung auf einem Gebiet ersetzen, das sie nicht aufgeben kann, ohne sich selbst zu verleugnen. Der Verzicht oder das Scheitern der Schule auf diesem Gebiet ist für einen Großteil jener Verwirrung unter Jugendlichen verantwortlich, welche die Wohlmeinenden so beunruhigt, das heißt jene, die gewöhnlich mehr zur Beunruhigung als zum Denken neigen. Und oft stärkt gerade solches Alarmgeschrei pädagogische Modelle, die das genaue Gegenteil des Bezweckten bewirken. Im sechsten Kapitel werden wir dieses Thema wieder aufgreifen.

Kapitel 3

Das Verschwinden der Familie

Konstatieren wir zu Beginn dieses Kapitels eine offensichtliche Tatsache: Kinder haben immer viel mehr Zeit außerhalb der Schule verbracht als innerhalb, vor allem in ihren ersten Lebensjahren. Bevor sie mit ihren Lehrern in Berührung kommen, haben sie bereits in großem Umfang den erzieherischen Einfluß ihrer familiären und sozialen Umwelt erfahren, der auch während des größten Teils der Grundschuljahre weiterhin bestimmend – wenn nicht entscheidend – sein wird.

In der Familie lernt das Kind – beziehungsweise sollte es lernen – so grundlegende Fähigkeiten wie zu sprechen, sich zu waschen und anzuziehen, den Älteren zu gehorchen, die Kleinsten zu schützen (das heißt, mit Personen unterschiedlichen Alters zusammenzuleben), Nahrungsmittel und andere Dinge zu teilen, an gemeinsamen Spielen teilzunehmen und dabei die Regeln zu beachten, zu beten (wenn die Familie religiös ist), auf elementare Weise gemäß den Normen der Gemeinschaft, zu der es gehört, Gutes von Bösem zu unterscheiden usw.

Dies alles bildet das, was Wissenschaftler »primäre Sozialisation« nennen: Durch sie wird das Kind zu einem mehr oder weniger konformen Mitglied der Gemeinschaft. Danach übernehmen die Schule, die Freunde, der Arbeitsplatz usw. die sekundäre Sozialisation, in deren Verlauf es speziellere Kenntnisse und Fähigkeiten erwirbt. Wenn die primäre Sozialisation zufriedenstellend ausgefallen ist, wird die sekundäre Sozialisation einen größeren Nutzen haben, da ihre »Lehren« auf fruchtbareren Boden fallen. Andernfalls verlieren Lehrer oder Kameraden viel Zeit damit, jemanden zu glätten und zu zivilisieren (das heißt für das Leben als Bürger zu befähigen), der ja eigentlich schon für weniger elementares Lernen bereit sein sollte. Selbstverständlich sind der Begriff »Sozialisation« und die Differenzierung verschiedener Sozialisationsstufen nicht so eindeutig, wie die soziologische Orthodoxie uns glauben machen könnte.

In der Familie lernt man auf durchaus andere Art als später in der Schule: Das familiäre Klima wird von »Affektivität«, von Gefühlen erwärmt. Es gibt kaum distanzierende Schranken zwischen den Verwandten, die zusammenleben, und das Lehren beruht mehr auf »Ansteckung« und Verführung als auf objektiv strukturierten Lektionen. Vor der verworrenen und häufig feindlichen Außenwelt kann das Kind in die Familie flüchten, aber aus der Familie gibt es kein Entrinnen, außer auf Kosten eines traumatischen Bruchs, den sich in den ersten Jahren praktisch niemand erlauben kann.

Die Lehrzeit in der Familie hat also als Hintergrund das wirksamste Zwangsinstrument – die Drohung, die Zuneigung jener Wesen zu verlieren, ohne die man noch nicht überleben kann. Seit den liebevoll umsorgten Tagen der Kindheit ist die Hauptmotivation für unsere sozialen Handlungen nicht der

Wunsch, geliebt zu werden (obwohl er uns auch sehr stark konditioniert), auch nicht die Sehnsucht zu lieben (die uns nur in unseren besten Momenten verführt), sondern die *Angst*, nicht mehr geliebt zu werden von denen, die für uns in jedem Augenblick unseres Lebens am meisten zählen – zuerst die Eltern, dann die Freunde, später die Geliebten, die Mitbürger, Arbeitskollegen, Kinder und Enkel bis hin zu den Schwestern des Altenheims oder vergleichbaren Personen in der letzten Phase unserer Existenz.

Das Streben nach Macht, das Geltungsbedürfnis und vor allem die Geldgier sind nicht mehr als ängstlicher und sehnsüchtiger Notbehelf gegen die Ungewißheit der Liebe, Versuche, uns vor der Verlassenheit zu schützen, in die uns der etwaige Verlust der Liebe stürzen würde. Daher sprach Goethe davon, daß es größere Kraft verleihe, sich geliebt, als sich stark zu wissen: Die Gewißheit der Liebe macht uns, wo es sie gibt, unverwundbar. Im Nest der Familie – jedenfalls, wenn sie intakt ist – genießt man zum ersten und vielleicht letzten Mal das tröstende Gefühl dieser Unverwundbarkeit. Daher erholen sich glückliche Kinder nie völlig von ihrer Kindheit und streben während ihres übrigen Lebens danach, unbedingt ihre verlorene ursprüngliche Göttlichkeit wiederzuerlangen. Auch wenn sie es nicht ganz schaffen, flößt ihnen dieser erste Impuls ein Vertrauen auf menschliche Bindungen ein, das kein zukünftiges Unglück gänzlich beseitigen kann, genauso wie nichts in der weiteren Sozialisation diese erste Bindung zufriedenstellend ersetzen kann, wenn sie nicht im richtigen Moment existiert hat.

Solche glücklichen Kinder – und ich meine nicht die verwöhnten oder übermäßig beschützten – sind wohl sehr selten, vielleicht in gewissem Sinn geradezu »widernatürlich«. Es handelt sich möglicherweise um ein unerreichbares Ideal, von dem es nur Grade der Annäherung, nie die unwiderlegliche Vollkommenheit geben kann (auch das familiäre Glück ist eine jener offenen Fähigkeiten, von denen wir im vorigen Kapitel gesprochen haben). Auf jeden Fall ist es dieses Ideal, das die Familie rechtfertigt und sie auch am meisten verpflichtet.

Die familiäre Erziehung erfolgt durch das *Beispiel*, nicht durch redselige Arbeitssitzungen, und wird unterstützt durch Gesten, geteilte Stimmungen, Herzensgewohnheiten, Gefühlserpressungen, neben der für jeden verschiedenen Belohnung durch Zärtlichkeit und Strafe, die auf unser Maß zugeschnitten ist (oder das Maß darstellt, das uns immer eigen sein wird). Mit einem Wort, diese Lehrzeit ergibt sich aus der totalen *Identifikation* mit ihren Modellen oder deren absoluter, pathologischer Ablehnung (vergessen wir nicht, daß die unglücklichen Kinder zahlreicher sind als die glücklichen), niemals durch ihre kritische und gelassene Bewertung.

Die Familie bietet ein Unterrichtsmenü mit wenigen Gerichten oder nur einem einzigen an, aber das angebotene Essen ist reichlich mit Gefühl gewürzt. Daher hat das, was man in der Familie lernt, eine unauslöschliche Überzeugungskraft, die im günstigen Fall der Festigung hoher moralischer *Prinzipien* dient, die den Stürmen des Lebens standhalten, aber im ungünstigen Fall so tief verwurzelte *Vorurteile* erzeugt, daß sie später fast unmöglich ausgerottet werden können. Und natürlich sind Prinzipien und Vorurteile meist so vermischt, daß es viele Jahre später nicht einmal für den Betroffenen einfach ist, sie auseinanderzuhalten.

Jedenfalls erlebt die herausragende Rolle, welche die Familie in der Primärsozialisation der Individuen im Guten wie im Schlechten spielt, in der Mehrzahl der Länder eine unbezweifelbare Schwächung – ein ernsthaftes Problem für die Schule und die Lehrer. Die Auswirkungen dieses Wandels beschreibt Juan Carlos Tedesco folgendermaßen: »Lehrer nehmen dieses Phänomen tagtäglich wahr, und eine ihrer häufigsten Klagen ist, daß die Kinder die Schulzeit mit einer minimalen Sozialisation beginnen, die nicht ausreicht, um erfolgreich das Lernen in Angriff zu nehmen. Um es sehr schematisch zu sagen: Als die Sozialisation noch in der Familie stattfand, konnte die Schule sich dem Unterricht widmen. Heute, wo die Familie ihrer Rolle als Sozialisationsinstanz nicht mehr in vollem Umfang gerecht wird, kann die Schule nicht nur ihre spezifische traditionelle Aufgabe nicht mehr erfüllen, sondern es werden auch immer stärker neue Forderungen an sie herangetragen, auf die sie nicht vorbereitet ist.«

Der provozierende Ausruf André Gides, »Familien, ich hasse euch!«, der in den sechziger Jahren mit ihren Kommunen und ihrer Vorliebe für ein ungebundenes Leben ein so großes Echo fand, scheint heute durch einen diskret gemurmelten Seufzer »Familien, wir vermissen euch« ersetzt worden zu sein. Immer häufiger fühlen Eltern und andere Verwandte, die die Aufsicht über die Kinder haben, Mutlosigkeit oder Verwirrung angesichts der Aufgabe, diesen die grundlegenden Normen für das Leben in der Gemeinschaft zu vermitteln, und überlassen die Aufgabe der Schule. Dann jedoch reagieren sie um so heftiger auf die Fehler der Lehrer, da sie sich insgeheim schuldig fühlen, sich vor dieser Pflicht gedrückt zu haben. Bevor wir weitergehen, ist es angebracht, ein bißchen aufs Geratewohl auf einige der Ursachen für die Unlust der Familie bei der Erfüllung ihrer spezifischen Funktionen hinzuweisen (ich spreche in diesem Buch von den *erzieherischen* Funktionen, die die Familie vernachlässigt, auch wenn sie andere zufriedenstellend erfüllt).

Ich meine nicht die soziologischen Ursachen für die Schwächung der erzieherischen Funktionen der Familie, wie die Eingliederung der Frau in den Arbeitsmarkt und ihre Gleichstellung mit den Männern in vielen Bereichen der Gesellschaft, die Möglichkeit der Scheidung und die aus ihr resultierende Mannigfaltigkeit der Paarbeziehungen, die Verringerung der Anzahl der festen Familienmitglieder, da das häusliche Zusammenleben mehrerer Generationen immer kostspieliger beziehungsweise problematischer wird, die »Professionalisierung« der Hausarbeit, die von der niedrigsten Position in der Familie zu einer punktuell erbrachten Dienstleistung geworden ist, die sich in permanenter Form nur die ökonomische Elite leisten kann, usw. Die Hauptfolge dieser Veränderungen ist, daß es heute in den Haushalten der entwickelten Länder immer weniger Frauen, alte Leute und Hausangestellte gibt, jene Familienmitglieder also, die früher die meiste Zeit mit den Kindern verbracht haben. Aber überlassen wir das Studium dieser Entwicklung zur Kernfamilie, ihrer Auswirkungen auf die Arbeitswelt und den Städtebau usw. der Familiensoziologie, denn es gibt genug Analysen dieser Themen, die ich nicht wesentlich ergänzen kann und die zu wiederholen mir müßig scheint.

Ich möchte mich unserem Thema vielmehr auf einem anderen Weg nähern, der zweifellos in enger Beziehung zu dem vorher Erwähnten steht, aber von mehr psychologischem oder, wenn man so will, streng moralischem Zuschnitt ist. Ich möchte mich dem Jugendlichkeitswahn in den heutigen Verhaltensmodellen zuwenden. Das Junge, die junge Mode, die jugendliche Sorglosigkeit, der bewegliche, schöne und auf Kosten aller erdenklicher Opfer, Diäten und Flickschusterei ewig junge Körper, eine etwas launenhafte Spontaneität, Sport, die Fähigkeit, unermüdlich Feste zu feiern, die fröhliche Kameraderie der Jugend – das sind die Ideale unserer Zeit. Vielleicht aller Zeiten, aber in unserer Epoche gibt es keine anderen, die schlecht und recht als nachrangige Alternativen dienen könnten.

Cioran sagt an einer Stelle, daß, »wer nicht jung stirbt, zu sterben verdient«. Der Zeitgeist versichert uns heute, wer nicht jung ist, sei bereits tot. Die therapeutische Besessenheit unserer Staaten (zum großen Teil von einer Gesundheitspolitik diktiert, die immer sparen will) hält die Symptome vergehender Jugendlichkeit für die erste, die schwerste, die *schuldhafteste* von allen Krankheiten. Es gibt keine oder nur wenige Ideale der Reife in unseren Gesellschaften, mit Ausnahme jener monströsen, aber beneideten Alten, an denen, wie man so sagt, »die Zeit vorübergeht«. Alt zu sein und so auszusehen, ein alter Mensch zu sein, der die vergangene Zeit auf sich nimmt, ist fast obszön und verdient das Schrecknis von Einsamkeit und Verlassenheit. Die Alten will niemand mehr – weder in erotischer Hinsicht noch am Arbeitsplatz –, und die erste Regel des gesellschaftlichen Überlebens lautet, alles daranzusetzen, erwünscht zu bleiben. Damit einem das Leben weiterhin gefällt, muß man leben, um zu genießen, und auch wenn man sagt, über Geschmack lasse sich nicht streiten, ist es wohl alles andere als eine Übertreibung zu sagen, daß die Alten niemandem besonders schmecken.

Aber alt wird man heute trotzdem immer früher. Auch wenn die Arterien noch der Sklerose widerstehen, man eine glatte Haut und einen ziemlich elastischen Gang bewahrt hat, verraten andere gefährliche Symptome das Alter. Die Reife zum Beispiel, diese Legierung aus Erfahrung, geduldiger Skepsis, Mäßigung und Verantwortungsgefühl. »Reifsein ist alles«, sagt Edgar im *König Lear*. Trotz noch so vieler öffentlicher Lippenbekenntnisse ist Reife verdächtig und gefährlich unsympathisch. Diejenigen, die sie aufgrund ihres vorangeschrittenen Lebensalters akzeptieren müßten, beeilen sich, sie mit angestrengten Übungen der Unreife abzulehnen (zusammen mit ihren Anstrengungen, sich von weißen Haaren, faltigen Bäuchen und Cholesterol zu befreien), wobei sie sich vielleicht daran erinnern, in ihrer Jugend gelernt zu haben, allen über dreißig als potentiellen Tyrannen zu mißtrauen.

Daher kommt es, daß die Erfahrung, dieses Lernen durch Vergnügen und Schmerz, einen deutlichen Prestigeverlust erleidet. Der Senior, der leugnet, einer zu sein, lehnt die Erfahrung auf zweierlei Weise ab: Entweder ist er stolz auf seine unverwundbare Kontinuität (»ich denke immer noch das gleiche wie mit siebzehn«, als bestünde das erste Anzeichen des Denkens nicht gerade darin, die Denkweise zu ändern), oder er leidet an einer absoluten *Metanoia*, einer völligen Abkehr von seiner früheren Weltsicht, und wirft die Treue zur Vergangenheit und ihren Idealen wie eine folgenlose Krankheit vollständig über Bord: alles außer dem Zugeständnis, daß er im Laufe der Jahre notgedrungen etwas gelernt hat.

Revolutionäre, die am meisten zur mystischen Rhetorik neigen, fordern seit langem den »neuen Menschen«, der die Ordnung der Welt wiederherstellen wird, und daher idealisieren sie die »edelmütige Reinheit« der Jugendlichen, das heißt ihre mangelnde Lebenserfahrung, die sich leicht in manipulierbaren Radikalismus verwandelt. Auch auf dem Feld der Arbeit hat die Erfahrung keine allzu gute Presse, da man die Jungen bevorzugt, die keinerlei Arglist kennen und von früherer Konditionierung frei sind; weil sie noch keine Fertigkeiten gelernt haben, beherrschen sie um so schneller die Bedienung der neuesten Geräte, die jeden Monat auf den Markt kommen – abgesehen davon, daß sie weniger Erfahrung darin besitzen, Gewerkschaftsrechte einzufordern. Der Held unserer Zeit ist nicht mehr wie der Protagonist von Lermontows gleichnamigem Roman, sondern ein Bill Gates oder Macaulay Culkin, die Wunderknaben, die es nicht einmal nötig hatten zu wachsen, um Multimillionäre zu werden.

Damit eine Familie ihre Erziehungsfunktion ausüben kann, ist es jedoch unerläßlich, daß sich jemand in ihr damit abfindet, *erwachsen* zu sein. Und ich fürchte, daß man über diese Rolle nicht durch Los oder Wahlversammlung entscheiden kann. Der Vater, der nur »der beste Freund seiner Söhne« sein will, so etwas Ähnliches wie ein Spielkamerad mit Falten, taugt wenig; und eine Mutter, deren einzige berufliche Eitelkeit es ist, daß man sie für die etwas ältere Schwester ihrer Tochter hält, ist zu wenig mehr nütze. Zweifellos sind solche Verhaltensweisen psychologisch nachvollziehbar, und die Familie wird durch sie informeller, nicht mehr auf so direkte Weise frustrierend, sympathischer und fehlbarer, aber die Bildung des moralischen und sozialen Bewußtseins der Kinder gelingt so nicht besonders gut. Und natürlich leiden die öffentlichen Institutionen unter einer gefährlichen Überlastung.

Je weniger Eltern noch Eltern sein wollen, desto mehr fordert man vom Staat, die Rolle eines Vormundes zu spielen. Vor einiger Zeit beschäftigten sich hierzulande die Medien mit durchgehend geöffneten Diskotheken, in denen Jugendliche ganze Wochenenden verbringen, wobei sie oft im Zustand zunehmender Berauschtheit von einer Diskothek zur anderen fahren, was häufige tödliche Verkehrsunfälle, Verlust der Konzentrationsfähigkeit in der Schule usw. zur Folge hat. In der Erkenntnis, daß sie nicht die Hüter ihrer Kinder sein konnten, forderten die Eltern von Vater Staat, diese verlockenden Einrichtungen zu schließen oder wenigstens jene Jugendlichen stärker durch die Polizei kontrollieren zu lassen, die mit Fahrzeugen von einer Diskothek zur anderen fahren. Ich weiß nicht, ob solche Überwachungsmaßnahmen angebracht sind, aber es ist auf jeden Fall überraschend, wie selbstverständlich es diese Eltern für die Aufgabe des Staates hielten, auf die Kinder der Nation aufzupassen, da sie selbst nicht fähig waren, sich um ihre eigenen Sprößlinge zu kümmern.

Dieses Phänomen wird gewöhnlich als *Autoritätskrise* in der Familie bezeichnet. Aber was bedeutet diese Krise? In erster Linie Antipathie und Mißtrauen nicht so sehr gegenüber dem Autoritätskonzept selbst (man hört immer häufiger Kritik an den Institutionen wegen ihrer mangelnden Autorität und die hysterische Forderung nach einer »harten Hand«), sondern gegenüber der Möglichkeit, persönlich mit Autorität in der Familie, für die man verantwortlich ist, umzugehen. Ihrem Wesen nach besteht Autorität nicht im Befehlen. Etymologisch stammt das Wort von einem lateinischen Verb ab, das etwa soviel wie »helfen zu wachsen« bedeutet: Die Autorität in der Familie müßte den jüngsten Mitgliedern helfen zu wachsen, indem sie auf möglichst liebevolle Art heranbildet, was im psychoanalytischen Jargon als »Realitätsprinzip« bezeichnet wird. Bekanntlich gehört zu diesem Prinzip die Fähigkeit, die eigenen Begierden im Hinblick auf die der anderen einzuschränken und die sofortige Befriedigung einiger Wünsche zugunsten des Erreichens empfehlenswerter langfristiger Ziele zu verschieben oder zu mäßigen (erinnern wir uns an das, was wir im vorigen Kapitel über die Erziehung als Eingliederung des Kindes in die Zeit gesagt haben). Natürlich fehlt den Kindern die Lebenserfahrung, die für das Verständnis der Vernünftigkeit dieser Sichtweise unerläßlich ist, und daher muß man sie ihnen beibringen. Kinder werden erzogen – diese offensichtliche Tatsache wird häufig vergessen –, um erwachsen zu werden, nicht, um Kinder zu bleiben. Sie werden erzogen, damit sie besser wachsen, nicht, um ihr Wachstum zu unterbinden – denn wachsen werden sie, recht oder schlecht, unweigerlich. Wenn Eltern ihren Kindern nicht mit ihrer liebevollen Autorität helfen, zu wachsen und sich darauf vorzubereiten, erwachsen zu werden, werden die öffentlichen Institutionen sich verpflichtet fühlen, ihnen das Realitätsprinzip aufzuzwingen, nicht mit Zuneigung, sondern mit Gewalt. Und auf diese Art erhält man nur widerspenstige gealterte Kinder, keine freien erwachsenen Bürger.

Das Unangenehmste am Realitätsprinzip ist sein Ursprung in der *Angst*. Ich kann verstehen, wenn diese Feststellung auf Widerwillen stößt, aber man kommt nicht um sie herum, will man die von Edgar in *König Lear* gelobte melancholische Gabe der Reife und mit ihr die Fähigkeit, andere zu erziehen, erreichen. Die Angst ist lediglich die erste Reaktion auf die Erkenntnis, daß wir endlich sind. Der Prediger Salomo versichert, daß mit der Furcht die Weisheit beginne – zu Recht, denn das Wissen des Menschen beginnt mit der schrecklichen Gewißheit seines Todes und den Beschränkungen, die uns unsere zerbrechliche und vergängliche Natur auferlegt: die Notwendigkeit der Ernährung, der Behausung, des Rückhalts in der Gemeinschaft, des Austauschs mit anderen und der Zärtlichkeit, der Mäßigung und der Zusammenarbeit. Aus der Angst vor dem Tod (das heißt aus jeder Angst, denn alle Ängste sind Metaphern für unsere ursprüngliche Angst) rührten die Achtung vor der Realität und insbesondere der Respekt vor den Mitmenschen – Kollegen und Komplizen unserer Endlichkeit.

Das Ziel der Erziehung ist, aus freudigem Lebensinteresse achten zu lernen, was wir aus irgendeiner Furcht heraus zu respektieren beginnen. Aber wir können nicht die Angst des Beginns der Lehrzeit beseitigen, und es ist diese erste Angst – durch die elterliche Autorität kontrolliert –, die uns impfen wird, damit wir nicht später an Schrecken zugrunde gehen, auf die wir nicht vorbereitet sind. Entweder wir beginnen mit einer kindlichen Angst, die uns hilft, reif zu werden, oder wir stürzen verkindlicht in eine viel destruktivere Panik, gegen die wir vielleicht den Schutz eines tyrannischen Übervaters an der Spitze der Gesellschaft fordern. Wir werden nie lernen, uns von der Angst zu befreien, wenn wir nie Furcht empfunden und später gelernt haben, aus dieser Furcht heraus vernünftig zu urteilen.

Die meisten Formen des Lernens schließen eine Anstrengung ein, der man in der Anfangsphase nur dann gewachsen ist, wenn man über einen genügend gefestigten Realitätssinn verfügt. Vielleicht hat Bruno Bettelheim, ein Psychoanalytiker, der die Bedeutung der Angst in Märchen untersucht hat (und der gegen gewisse »politisch korrekte« Vorurteile die Bedeutung der Schreckensphantasien in der Formung der Persönlichkeit unterstreicht), diese unbequeme Voraussetzung des grundlegenden Bildungsprozesses am unmißverständlichsten verdeutlicht: »So hängt jedes Lernen, das kein unmittelbares Vergnügen verschafft, von der vorherigen Bildung des Bewußtseins ab, das seinen Ursprung in der Angst hat. Es ist wahr, daß ein Übermaß an Angst das Lernen behindert, aber jedes Lernen, das viel Fleiß erfordert, wird auf Dauer nicht gutgehen, falls es nicht auch durch eine gewisse kontrollierbare Angst motiviert wird. Das ist so, bis das Eigeninteresse oder der Egoismus ein Niveau der Verfeinerung erreicht hat, das von allein eine ausreichende Motivation auch für schwieriges Lernen erzeugt. Selten geschieht dies, bevor die Adoleszenz weit fortgeschritten ist, das heißt, wenn die Formung der Persönlichkeit im wesentlichen abgeschlossen ist.« Es besteht allerdings ein Konsens im aufgeklärten pädagogischen Denken, daß eine auf Furcht gegründete Erziehung, die Kindern auf autoritäre Weise wie die Strafe von Göttern oder Dämonen eingeflößt wird, schädliche Folgen hat. Auf welche Angst bezieht sich also Bettelheim? Hören wir ihn noch einmal: »Wir können oder wollen die akademische Ausbildung nicht mehr auf Angst gründen. Wir wissen, daß die Angst einen enormen Preis in Form von Hemmung und Rigidität fordert. Aber das Kind muß etwas fürchten, wenn wir wollen, daß es sich mit Fleiß der mühseligen Aufgabe des Lernens widmet. Meiner Meinung nach müssen die Kinder, damit die Erziehung fortschreiten kann, vor ihrer Einschulung gelernt haben, vor etwas Angst zu haben. Wenn es sich nicht um die Angst handelt, verdammt oder im Holzschuppen eingesperrt zu werden, muß es in diesen aufgeklärteren Zeiten mindestens die Angst sein, die Liebe und Achtung der Eltern zu verlieren (oder später, an deren Stelle, die des Lehrers), und schließlich die Angst, die Selbstachtung zu verlieren.«

Wer in diktatorischen Gesellschaften erzogen wurde (auch wenn in der Familie ein freier Geist herrschte, wie etwa in meiner eigenen), ist im allgemeinen überzeugt, daß es besser ist, die ersten Unterrichtsjahre von exzessiven Einschüchterungen zu befreien. Aber man muß auch verstehen, daß das Verschwinden jeglicher Form von Autorität in der Familie nicht auf einen verantwortungsbewußten Umgang mit der Freiheit vorbereitet, sondern zu einer Form der Unsicherheit führt, die sich mit der Zeit in kollektive Formen des Autoritarismus flüchtet. Das Vorbild der Autorität in der traditionellen Familie unserer Gesellschaft war der Vater, dessen furchteinflößende und bedrohliche – obwohl auch zärtliche und gerechte – Dimension gelegentlich sadistische Exzesse begünstigt hat, deren zerstörerischen Einfluß der *Brief an den Vater* von Franz Kafka meisterlich beschreibt.

Vom heutigen allgemeinen Auflösungsprozeß der Familie als Erziehungsinstanz ist die Position des Vaters am stärksten betroffen: Er hat die am meisten in Frage gestellte und unangenehmste Rolle, er ist der traurige Verwalter der Frustration. Gemäß der Untersuchung des italienischen Familiensoziologen Carmine Ventimiglia betrachtet die Mehrheit der heutigen italienischen Väter nicht ihre Väter als Modell der idealen Beziehung zu den Kindern, sondern ihre Mütter: »Ich will ein guter Vater sein – so wie es meine Mutter für mich war.« Die Fortschritte im sozialen Schutz geschiedener oder lediger Mütter haben in Ländern Nordeuropas und in den Vereinigten Staaten den Niedergang der väterlichen Autorität gefördert. Jedoch bereitet die Verwischung des tradierten Vaterbildes beziehungsweise seine Abschaffung den Jugendlichen einige Schwierigkeiten, positive Identifikationsmodelle zu finden, ein Problem, das manche Wissenschaftler direkt mit der Steigerung der Jugendkriminalität und den zerstörerischen Auswirkungen in Verbindung setzen, die der Verlust von Selbstachtung, die sich an solchen Modellen formen könnte, mit sich bringt.

Es erscheint mir gefährlich, wenn nur die konservativsten und theokratisch-despotischsten Formen der Familie weiterhin entschlossen sind, das Modell der väterlichen Autorität zu bewahren. Vielleicht besteht die Herausforderung in einer aufgeklärten Gesellschaft heute darin, ein Vaterbild zu schaffen, das genügend Autorität vermittelt, um die anfängliche Angst zu kontrollieren, auf der das Realitätsprinzip beruht, das aber auch durch die zärtliche häusliche, enge und selbstlose Fürsorge gekennzeichnet ist, die jahrhundertelang die familiäre Rolle der Mutter bestimmte: ein Vater, der nicht auf seine Vaterrolle verzichtet, der es aber auch versteht, *mütterlich zu werden*, um den kastrierend-patriarchalischen Mißbrauch des traditionellen Systems zu vermeiden.

Aber nicht alle Ursachen für das Verblassen der Familie als Faktor der primären Sozialisation sind in veränderten Einstellungen und Haltungen der Erwachsenen zu suchen. Man muß auch die radikale Veränderung des Status der Kinder selbst berücksichtigen, die Neil Postman bereits vor fünfzehn Jahren mit dem Titel seines berühmtesten Buches provokativ *Das Verschwinden der Kindheit* nannte. Als Verursacher dieses

Verschwindens benannte Postman das *Fernsehen*. Fast höre ich den Seufzer der Erleichterung, den so mancher naive Leser gerade ausgestoßen haben mag: Endlich beginnen die Bannflüche gegen die blöde Flimmerkiste! Es war wirklich besorgniserregend, daß ein Essay über Erziehung so lange braucht, um endlich die Hauptquelle aller unserer erzieherischen Übel ins Visier zu nehmen! Nun, diese Leser muß ich noch um etwas Geduld bitten, denn zunächst werden ihnen vielleicht weder Postmans noch meine Thesen gefallen.

Die Revolution, die das Fernsehen in den Familien verursacht, vor allem sein Einfluß auf die Kinder, hat nämlich dem amerikanischen Soziologen zufolge nichts mit der wohlbekannten Verderbtheit seiner Inhalte zu tun. Sie rührt vielmehr gerade von seiner Wirksamkeit als Instrument der Vermittlung von Kenntnissen. Das Problem besteht nicht darin, daß das Fernsehen nicht genügend bildet, sondern zuviel und mit unwiderstehlicher Macht. Das Üble ist nicht, daß es falsche Mythen und andere Schwindeleien vermittelt, sondern daß es die Vorsichtsnebel der Unkenntnis, die gewöhnlich die Kinder umgeben, damit sie Kinder bleiben, durchgreifend entmythologisiert und rücksichtslos auflöst.

Jahrhundertelang hat sich die Kindheit in einer abgesonderten Sphäre gehalten, aus der sich die Kleinen nach dem pädagogischen Willen der Erwachsenen allmählich lösten. Ihre beiden wichtigsten Informationsquellen waren dabei einerseits Bücher, deren Entzifferung und Verständnis langes Lernen erforderten, und andererseits die mündlichen Lektionen der Eltern und Lehrer, die weise dosiert verabreicht wurden. Die Modelle des Verhaltens und der Interpretation der Welt, die den Kindern angeboten wurden, konnten nicht frei gewählt oder abgelehnt werden, weil es zu ihnen keine Alternativen gab. Erst als die Kinder eine gewisse Reife erlangt hatten und von der Kindheit geheilt waren, erfuhren sie, daß es im Himmel und auf Erden mehr Dinge gab, als sie bis dahin kennen durften. Wenn mögliche Alternativen zu den familiären Dogmen erkennbar wurden und die beängstigende Ungewißheit der Wahl an deren Stelle trat, war die Person bereits genügend geformt, um die Bestürzung mehr oder weniger gut zu ertragen.

Aber das Fernsehen hat die allmähliche Enthüllung der grausamen und fordernden Realitäten des menschlichen Lebens beendet. Die Wahrheiten des Fleisches (Sexualität, Fortpflanzung, Krankheiten, Tod ...) und die Wahrheiten der Macht (Gewalt, Krieg, Geld, Ehrgeiz und Inkompetenz der Mächtigen dieser Welt ...) waren früher den kindlichen Blikken entzogen und mit dem Schleier der Scheu oder Scham bedeckt, der nur allmählich gehoben wurde. Die kindliche Identität (mit dem unglücklichen Wort »Unschuld« gekennzeichnet) bestand darin, diese Dinge zu ignorieren oder allenfalls in Form von Fabeln mit ihnen umzugehen, während die Erwachsenen gerade dadurch charakterisiert waren, daß sie den Schlüssel dieser vielen Geheimnisse in Händen hielten.

Das Kind wuchs in einer geborgenen Dunkelheit auf, leicht neugierig auf solche Themen, über die es nur wenig erfuhr, und bewunderte neidisch das Wissen der Erwachsenen, von der Sehnsucht erfüllt, selbst erwachsen und würdig zu werden, es zu teilen. Das Fernsehen bricht jedoch diese Tabus und erzählt in seinem offenherzigen Durcheinander *alles*: Es zieht allen Geheimnissen die Hose herunter, und dies in den meisten Fällen so buchstäblich wie möglich. Die Kinder sehen natürlich auf dem Bildschirm Sexszenen und kriegerische Schlächtereien, aber sie erleben auch Todeskämpfe in Krankenhäusern, bekommen mit, wie Politiker lügen und betrügen oder wie andere Personen sich über das lustig machen, was sie ihren Eltern zufolge verehren sollten.

Außerdem benötigt man zum Fernsehen keine besondere Ausbildung – die mühselige Barriere des Lesenlernens, bevor sich der Inhalt der Bücher erschließt, existiert nicht mehr. Mit einigen Fernsehsitzungen täglich, sogar wenn das Kind nur die weniger aggressiven Programme und die Werbung sieht, weiß es über alles Bescheid, was ihm früher die Erwachsenen verheimlichten, während diese selbst vor dem Fernseher infantil werden: Auf das Fernsehen muß man sich nämlich nicht mehr mit jenem Fleiß vorbereiten, der früher unerläßlich war, um Informationen zu erhalten.

Das Fernsehen bietet Lebensmodelle an, Beispiele und Gegenbeispiele, es kennt keine Skrupel und erzeugt bei den Kindern das drängende Bedürfnis, auszuwählen, das mit der Flut der oft widersprüchlichen Nachrichten unweigerlich verbunden ist (die zudem ein Meer des Zweifels umspült). Aber es gibt noch etwas anderes: Das Fernsehen operiert nicht nur innerhalb der Familie, sondern setzt auch die gefühlvollen und unkritischen Überzeugungsinstrumente der familiären Erziehung ein. »Das Fernsehen neigt dazu, die Mechanismen der primären Sozialisation zu reproduzieren, die von Familie und Kirche eingesetzt werden: Es sozialisiert durch Gesten, Gefühlsklima und Nuancen der Stimme und fördert Überzeugungen, Emotionen und totale Anhänglichkeit.« (Juan Carlos Tedesco)

Während die Erziehungsfunktion der väterlichen Autorität verschwindet, nimmt die Erziehung durch das Fernsehen immer mehr zu; ohne vom Zuschauer Anstrengung oder auch nur schamhafte Ansätze von Unterscheidungsvermögen zu verlangen, bietet es die beispielgebenden »Produkte« an, die früher durch das hierarchische »Familienhandwerk« hergestellt wurden – mit der gleichen Fähigkeit, unbegrenzte Identifikation hervorzurufen, aber in heillos ungeregeltem Durcheinander. Es gibt nichts, was erzieherisch so subversiv ist wie ein Fernseher: Weit davon entfernt, die Kinder in die Unwissenheit zu stürzen, wie die Naiven glauben, bringt ihnen das Fernsehen alles von Anfang an bei, ohne Respekt vor den pädagogischen Instanzen. Wenn wenigstens die Eltern bei ihnen wären, um ihnen Gesellschaft zu leisten und dieses schamlose Informations-Bombardement zu kommentieren, das ihre Erziehung so beschleunigt! Aber das Eigentümliche am Fernseher ist, daß er läuft, wenn die Eltern nicht da sind, und in vielen Fällen gerade, um die Kinder davon abzulenken, daß die Eltern nicht da sind – während sie in anderen Fällen zwar da sind, aber so stumm und verzückt vor dem Bildschirm sitzen wie die Kinder selbst.

Die heutige Aufgabe der Schule ist daher doppelt kompliziert: Einerseits muß sie viele Elemente der grundlegenden Formung des sozialen und moralischen Bewußtseins der Kinder übernehmen, die früher zur primären Sozialisation gehörten, für die die Familie verantwortlich war. Vor allem muß sie das Realitätsprinzip fördern, das nötig ist, damit die Kinder die Anstrengung des Lernens auf sich nehmen, eine Disziplin, die dem Unterricht selbst vorausgeht, welche die Schule aber zusammen mit den sekundären, traditionellen Inhalten des Unterrichts vermitteln muß. Und dies alles müssen die Lehrer mit den Methoden erreichen, die für die moderne Schule charakteristisch sind: distanzierter und weniger gefühlsbetont als die

Erziehung in der familiären Umgebung und nicht auf totale Identifikation, sondern auf eine kritischere und intellektuellere Annäherung setzend.

Eine der methodologisch wichtigsten Fragen des aufgeklärten Unterrichts besteht genau darin, einen gewissen wissenschaftlichen Skeptizismus und eine gewisse Entheiligung der übermittelten Inhalte anzuregen – als antidogmatische Methode, um zu einem Maximum an Wissen zu gelangen und die Vorurteile auf ein Minimum zu reduzieren. Diese Aufgabe müssen die Schulen darüber hinaus nicht nur anstelle der familiären Sozialisation, sondern auch in Konkurrenz mit der hypnotischen und unkritischen Sozialisation durch das Fernsehen erfüllen, der ihre Schüler ständig ausgesetzt sind.

Andererseits konnte der Lehrer früher mit der Neugier der Schüler spielen, in noch verbotene Geheimnisse einzudringen. Dafür waren die Schüler auch bereit, den oft mühsamen Erwerb instrumenteller Kenntnisse auf sich zu nehmen. Aber heute kommen sie bereits vollgestopft mit tausend Neuigkeiten und bunten Visionen, deren Erwerb sie nichts gekostet hat – die sie sogar erhalten haben, ohne es unbedingt zu wollen! Der Lehrer muß ihnen helfen, diese Informationen zu ordnen, er muß sie teilweise bekämpfen und ihnen Erkenntniswerkzeuge anbieten, um die Informationen nützlich oder zumindest nicht schädlich zu machen. Und das alles, ohne selbst zu einer Art Einflüsterer zu werden und ohne eine andere Zustimmung zu verlangen als die auf Vernunft beruhende junger Geister, die sich auf dem Weg zu ihrer Autonomie befinden. Ein titanisches Unternehmen – bezahlt mit einem eher niedrigen Gehalt und geringem sozialen Prestige.

Und dennoch eröffnet diese neue Bildungssituation, auch

wenn sie die Schwierigkeiten für die Lehrer vervielfacht, vielversprechende Möglichkeiten für die Formung des moralischen und sozialen Bewußtseins der zukünftigen Bürger. Wie bereits dargestellt, neigte die familiäre Sozialisation zur Verewigung des Vorurteils und zur Erstarrung der Lebensmodelle, die sie verbindlich vermittelte. In zu vielen Fällen hilft die Erziehung der Eltern dem Kind nicht, zu wachsen, sondern dient nur der Selbstbefriedigung, indem sie es in Kompensation eigener Mängel und Frustrationen nach einem Bild formt, dem die Eltern selbst gerne entsprochen hätten. Auch Juan Carlos Tedesco hält es für nötig, »auf die befreienden Möglichkeiten einer flexibleren und offeneren Sozialisation hinzuweisen. Wenn die Verantwortung für die Vermittlung ethischer Werte und grundlegender Verhaltensweisen heute viel stärker bei sekundären Institutionen und Personen liegt als in der Vergangenheit, so eröffnen sich dadurch auch größere Möglichkeiten, tolerante und verschiedenartige Konzeptionen zu fördern.«

Über die Hauptziele dieser aufgeklärten demokratischen Sozialisation, die tolerant, aber gegenüber den widerstreitenden Werten in der modernen Gesellschaft auch neutral sein muß, werden wir im sechsten Kapitel ausführlich sprechen. Aber um die begonnene Reflexion über das Verschwinden der Familie als Erziehungsinstanz abzuschließen, möchte ich gerne die Form skizzieren, in der sich die heutige Schule einigen dieser Themen nähern könnte, die eigentlich ihren logischen Platz in der familiären Sozialisation haben sollten. Ich werde daher kurz über Ethik, Religion, Sexualität, Drogen und Gewalt sprechen – wohlgemerkt alles Fragen, deren Behandlung ein großer Teil der Gesellschaft mit einer Mischung aus Empörung und Angst aufgeregt einklagt und damit von der Schule die wundersame Festigung jener Werte verlangt, auf deren Definition und Verteidigung man in der privaten und öffentlichen Sphäre verzichtet hat.

Beginnen wir mit *Ethik* und *Religion*. Eine vage von Jean Piaget inspirierte pädagogische Denkrichtung behauptet, man könne Ethik nicht auf thematische Art als zusätzliches Unterrichtsfach unterrichten, sondern sie müsse vielmehr in der gesamten Organisation der Schule, im Verhalten der Lehrer und ihrer Beziehung zu den Schülern vorbildhaft zum Ausdruck kommen und in den Lehransatz aller Fächer eindringen. Etwas verhaltener wird geäußert, daß dadurch auch die Frage beantwortet werde, welche Ethik zu unterrichten sei, denn in pluralistischen Gesellschaften gibt es anscheinend viele verschiedene Ethiken (ich hörte die Äußerung eines Verantwortlichen des Kultusministeriums, Ethik könne kein Fach sein, »weil jeder seine eigene hat«). Andererseits schlagen die Befürworter einer Beibehaltung des Religionsunterrichts (der als ganz normales Fach eingestuft wird!) Ethikunterricht als weltliche Alternative zum Fach Religion und als eine Art Ersatz für jene vor, die nicht zu den Sonntagspredigten kommen. Wir sollten uns jedoch nicht allzusehr beklagen, gibt es doch Länder, wo Ethik und Religion so vermischt sind, daß die Zivilbehörden die moralische Bildung direkt in den Händen der Kirche belassen.

Die Vorstellung, daß Kinder moralische Werte auf indirektem Wege in anderen Unterrichtsfächern oder Schulaktivitäten lernen, mag für die ersten Unterrichtsjahre gelten, trifft aber später sicherlich kaum noch zu. Wie John Dewey angemerkt hat, darf man die direkte oder indirekte Vermittlung moralischer Begriffe nicht mit der von Kenntnissen *über* Moral und die sie stützenden Argumente verwechseln. Es ist gut, daß Kinder zum Beispiel kooperatives Verhalten, Achtung vor dem Nächsten und persönliche Autonomie erwerben, aber zweifellos vermischen sich diese nützlichen mit anderen, nicht weniger empirischen Lektionen von nicht ganz so hohem erzieherischen Wert, wie dem Wert von gelegentlichen Lügen, von Schmeichelei oder Machtmißbrauch.

Daher ist es wichtig, später den Sinn ethischer Präferenzen in eigenen Unterrichtseinheiten zu thematisieren, bei denen es sich um *rationale Ideale* und nicht einfach um soziale Routinen handelt, um diesen oder jenen kurzfristigen Vorteil über die anderen zu erlangen. Es ist natürlich durchaus nicht sicher, daß der Pluralismus der demokratischen Gesellschaft bedeutet, daß jeder seine eigene Ethik haben darf und daß alle gleichwertig sind. Was jeder besitzt, ist sein *moralisches Bewußtsein*, das allerdings persönlich und nicht übertragbar ist. Im Hinblick auf Werte kann man darüber diskutieren, ob einige von ihnen anderen überlegen sind, angefangen mit dem Pluralismus selbst, der die Unterschiedlichkeit ethischer Werthaltungen ja erst ermöglicht und als wertvolles Gut verteidigt.

Das Nachdenken über Werte und die kritische Debatte über ihre soziale Gestaltung bilden selbst unerläßliche Normen für die moralische Bildung und Ethikerziehung. Im Laufe der Geschichte haben Ethiker ihre Botschaft einmütig auf drei wesentliche Tugenden konzentriert, von denen sich alle übrigen mehr oder weniger leicht ableiten lassen: auf den *Lebensmut* angesichts des Todes, die *Großzügigkeit* im Zusammenleben mit den Mitmenschen und die *Klugheit*, mit Notwendigkeiten leben zu lernen, die wir nicht beseitigen können. Die drei Tugenden und ihre Ableitungen stehen in direkter Beziehung zur

Bejahung des menschlichen Lebens und hängen nicht von willkürlichen Setzungen oder geheimnisvollen Offenbarungen ab, sie entsprechen nicht einmal einem bestimmten Typ des sozialen Systems. Sie entstammen direkt der grundlegenden Sehnsucht, mehr und besser zu leben, die das ethische Projekt vom individuellen Bewußtsein bis zur gesellschaftlichen Ebene soziopolitischer Institutionen – zumindest seiner idealen Absicht nach – inspiriert.

Ausgehend von dieser im menschlichen Wesen verwurzelten Sehnsucht, lassen sich gute Gründe dafür finden, warum Ehrlichkeit besser ist als Betrug oder Unterstützung der Schwachen besser als ihre Vernichtung. Jedoch die Gründe zu verstehen, warum Masturbation eine schwere Sünde oder Bluttransfusionen abscheulich sein sollen, erfordert den Glauben an geheimnisvolle Offenbarungen, den nicht alle Welt zu teilen bereit ist. Natürlich muß man die Überzeugungen derer, die daran glauben, respektieren, und sie haben das Recht, sich gemäß ihrem Vollkommenheitsideal zu verhalten, aber die Gründe solcher Einstellungen gehören zur Religion, nicht zur Ethik. Die Ethik unterscheidet sich von der Religion in ihrem Ziel (erstere will ein besseres Leben und letztere etwas Besseres als das Leben) und in ihrer Methode (erstere beruht auf Vernunft und Erfahrung, letztere auf Offenbarung).

Außerdem ist Ethik die Angelegenheit von allen, während die Religion Sache einiger weniger ist, so viele es auch sein mögen: Religiöse Menschen haben auch ethische Interessen, während nicht jeder, der sich für Ethik interessiert, auch religiöse Interessen haben muß. Weit davon entfernt, eine Alternative zu sein, dienen Ethik und Religion als Beispiele, um den Schülern den Unterschied zu erläutern zwischen rationalen

Prinzipien, die wir alle verstehen und teilen können (ohne ihre kritische Diskussion aufzugeben), und sehr achtenswerten Doktrinen, deren nicht beweisbares Geheimnis nur einige wenige als gültig anerkennen. Genau das könnte das erste Thema sein, das ein guter Philosophielehrer seinen Schülern als erste ethische Reflexion anbieten würde.

Und was ist mit der religiösen Unterweisung für jene, die sie wünschen oder ihren Kindern angedeihen lassen wollen? Sie ist für jeden eine private Option, die der Staat in keiner Weise behindern darf, er ist aber auch nicht dazu verpflichtet, die Kosten dafür zu übernehmen. Die Katechese ist in einer pluralistischen Demokratie frei, aber zweifellos gewinnt sie an Freiheit und Vielfältigkeit, wenn sie vom zuständigen Kultusministerium weder finanziert noch verwaltet wird. Vielleicht könnten die Lehrpläne ein Fach vorsehen, das die Geschichte der Religionen, der religiösen Symbolik und Mythologien behandelt, mit Schwerpunkt auf der griechisch-römisch-christlichen Tradition, wenn man will, die ja für das Verständnis der europäischen Kultur, zu der wir gehören, so wichtig ist.

Aber ein solches Fach würde seine Inhalte nicht präskriptiv, sondern deskriptiv vermitteln: Es dürfte sich nicht damit beschäftigen, Gläubige heranzubilden, sondern würde die Schüler informieren. Und natürlich dürfte kein besonderer Lehrkörper dafür verantwortlich sein, der vom Bistum abhängig ist (oder aus Ulemas, d. h. islamischen Rechts- und Religionsgelehrten, aus Rabbinern oder Derwischen besteht), sondern es muß von Spezialisten in Philosophie, Geschichte oder Anthropologie gelehrt werden. Nur so kann es im akademischen Curriculum den Rang eines normalen Faches wie jedes andere einnehmen, denn der Glaube – zumindest der gute Glaube –

steht außerhalb jeder irdischen Rangordnung. Ob er in die Lehrpläne einbezogen wird oder nicht, muß nach denselben Kriterien entschieden werden, die für jedes andere Unterrichtsfach gelten, nicht nach den Konkordaten mit einer Kirche, die überdies noch einen eigenen Staat bildet. Ich werde mich hier nicht mit den Inhalten dieses hypothetischen Faches befassen, aber man sollte in diesem Zusammenhang zumindest erwähnen, daß dazu die zahllosen öffentlichen Freiheiten demokratischer Staaten gehören müßten, die sich dem Kampf vieler Ungläubiger gegen den reaktionären Einfluß der Kirchen verdanken, die gewöhnlich erst dann tolerant werden, wenn sich ihre Autorität in der Gesellschaft radikal verringert hat oder ganz verloren ist.

Was die *Sexualkunde* angeht, so war es bis vor einigen Jahrzehnten noch möglich, darüber zu diskutieren, wann es am klügsten sei, mit der Information über sexuelle Themen zu beginnen, und wie man diese delikate Initiation am besten stufenweise durchführen könne. Heute jedoch hat der subversive Einfluß des Fernsehens (sowie die größere sexuelle Freizügigkeit) das Panorama radikal verändert. Die Kinder wachsen nicht mehr in einer Welt der Geheimnisse auf, die oft mehr durch Heuchelei als durch Schamgefühl geprägt war, sondern in einem buchstäblich schamlosen Kontext von Aufforderungen und Bildern. Einst mußte der Sexualunterricht die Mythen bekämpfen, die alles Sexuelle in etwas »Obszönes« verwandelten (das deshalb hinter den Kulissen bleiben mußte), während er heute Mythen gegenübertreten muß, die aus einem verworrenen und kommerzialisierten Übermaß an Deutlichkeit entstehen, welche die Sexualität permanent den Scheinwerfern der öffentlichen Aufmerksamkeit aussetzt. Die alten wie die neuen Mythen spielen mit der Leichtgläubigkeit, mit der wir alles aufnehmen, was intensive Wünsche und Ängste hervorruft.

Natürlich ist es unumgänglich, über die biologischen und hygienischen Aspekte der Sexualität aufzuklären. Kinder und Heranwachsende kommen heute immer früher mit der sexuellen Praxis in Kontakt. Nichts wäre daher schädlicher, als ihnen das volle Wissen darüber, wie das fröhliche Karussell der Liebe funktioniert, vorzuenthalten, auf das sie aufspringen möchten oder von Erfahreneren gezogen werden. Sie in aller Klarheit und mit gesundem Menschenverstand zu informieren ist keine Anstiftung zur Libertinage, sondern eine Hilfe, um zu vermeiden, daß die Wonnen überschäumender jugendlicher Kraft aus reiner Unkenntnis Opfer fordern.

Heute, wo zu den klassischen Risiken wie etwa unerwünschten Schwangerschaften die unheilvolle Bedrohung durch Aids kommt, besteht überraschenderweise weiterhin ein geradezu selbstmörderisches Mißverhältnis zwischen der Freiheit, welche die Jugendlichen genießen, und ihrer erschreckenden Unkenntnis der Licht- und Schattenseiten ihrer Lieblingsbeschäftigung. Aber die Aufklärung über das rein Körperliche läßt den größten Teil der Welt der Erotik unberücksichtigt. Sie sagt wenig über Themen wie Ehe, Prostitution, Pornographie, Homosexualität, Elternschaft, sinnliche Liebe und tausend andere zwischenmenschliche Regungen, welche die nüchternen fleischlichen Tatsachen nur streifen. Anzunehmen, Sexualerziehung könne sich auf die Biologie beschränken, ist so, als hielte man die Erklärung des Muskelmechanismus bei einem Bajonettstoß für ausreichend, um den Krieg zu verstehen.

Die Freuden der Sexualität von der Last der Schuld zu befreien ist immer eine lobenswerte Sache. Der Puritanismus feiert immer wieder fröhliche Urständ, etwa wenn manche Kirchenmänner Aids als Geißel Gottes bezeichnen oder in einigen Ländern Konservative gegen Informationskampagnen über den Gebrauch von Kondomen protestieren. Es ist noch nicht lange her, daß in Spanien eine Biologielehrerin bestraft wurde, weil sie ihre Schüler gebeten hatte, für Laboruntersuchungen außer einem Tropfen Schweiß und Blut auch einen Tropfen Samen mitzubringen. Offensichtlich ist der Samen eine Flüssigkeit, die angeblich der Perversität entspringt, im Unterschied zum Schweiß, der aus Anstrengung entsteht. Aber heutzutage scheint die Propaganda für das sexuelle Vergnügen in zahllosen Medien kaum weitere Unterstützung durch die Schulen zu benötigen. Wo früher Schuldgefühle und Angst erzeugt wurden, wenn man es zu tun wagte, scheint heute das Bombardement des erotischen Konsumismus ein Schuldgefühl hervorzurufen, es noch nicht oder nicht genug getan zu haben.

Vielleicht muß heute ein Puritanismus anderer Art bekämpft werden. Die alten Moralapostel predigten, daß Sex nur erlaubt sei, sofern er der Fortpflanzung diene; der neue, nicht weniger strenge Puritanismus unterstellt, daß man die Fortpflanzung von Liebe und sexueller Freude trennen könne und Kinder ebensogut auch aus der Retorte kommen könnten. Man sollte sich daran erinnern, daß Sexualität etwas viel Umfassenderes, Wunderbareres ist als das Mittel zur Reproduktion unserer Spezies, aber man muß auch betonen, daß wir alle aus der körperlichen Leidenschaft zwischen Menschen komplementären Geschlechts geboren werden und daß beide – Vater und Mutter – für die ausgeglichene psychische Entwicklung des Individuums wesentlich sind. Wenn Kinder fernsehen, könnten sie zu dem Schluß gelangen, daß sexuelle Beziehungen nicht mehr sind als eine Art Marathon, in dem es nur darum geht, daß jeder für sich ohne Anstrengung soviel herausholt wie möglich, ohne Rücksicht auf oder Verantwortung für den anderen. Es ist eine wichtige Erziehungsaufgabe, zu erklären, daß Sexualität nichts mit olympischen Rekorden zu tun hat, daß sie reicher wird, wenn sie sinnlich *und* gefühlvoll ist, daß es nicht wichtig ist, so früh und so oft wie möglich mit jemandem zu schlafen, sondern durch Sexualität zur zärtlichsten und ungestümsten aller menschlichen Verbindungen zu gelangen.

Die Frage der *Drogen* wiederum ist vielleicht die schwierigste, die Lehrer im Unterricht behandeln müssen. Daran sind natürlich nicht sie schuld, sondern die Situation, daß bestimmte Drogen heute auf der ganzen Welt verboten sind und die USA gegen ebendiese Substanzen einen Kreuzzug begonnen haben. Wie kann man vernünftigerweise den Gebrauch von Substanzen erklären, die aufgrund von Gesetzen nur durch Mißbrauch benutzt werden können? Das willkürliche Verbot dieser Drogen ist nicht nur unwirksam, sondern völlig kontraproduktiv, weil so keine Regeln für ihren Gebrauch festgelegt werden können und die Versuchung zum Mißbrauch unwiderstehlich wird – vor allem, wenn noch dazu das gigantische Geschäft der Drogenhändler davon abhängt, daß der Drogenfeldzug in seiner ganzen puritanischen Verblendung aufrechterhalten wird, denn so nimmt die Werbung für die verbotenen Produkte nie ab. Was soll einem Lehrer in einer derart vertrackten Situation noch einfallen?

Angesichts der Entwicklung der Chemie und der Leichtigkeit, mit der man synthetische Drogen mit Mitteln herstellen kann, die sich fast in jedem Haushalt finden, werden die Jugendlichen ihr ganzes Leben lang unweigerlich mit Halluzinogenen, Aufputsch- und Betäubungsmitteln verbringen. Jedes von ihnen hat positive Wirkungen – sonst würde niemand sie nehmen – und schädliche, die nicht von der Perversität der Erfindung abhängen, sondern von der genommenen Dosis, der chemischen Zuverlässigkeit der Substanz, dem körperlichen und seelischen Zustand des Konsumenten usw. Aber wie kann man junge Menschen lehren, mit etwas umzugehen, was sich durch die organisierte Kriminalität infolge des Verbots, die unkontrollierte Verfälschung der Substanzen und den mythischen Reiz der Gesetzesübertretung auf tödliche Weise jeder Handhabung entzieht?

Die endlosen Diskussionen, warum Jugendliche Drogen nehmen, verfehlen in geradezu beispielhafter Weise ihr Ziel. Warum sie Drogen nehmen? In einigen Fällen wohl wegen der familiären Situation, in anderen aus Gründen der Nachahmung oder Neugier, in den meisten Fällen wegen der langen Schulzeit und der verlängerten Abhängigkeit von den Eltern angesichts der Ungewißheit eines Arbeitsplatzes usw. Aber vor allem, *weil die Drogen da sind*, überall, und daran wird sich in den demokratischen Gesellschaften in absehbarer Zukunft nichts ändern. Seit ihrem Verbot hat ihre Menge und Vielfalt stetig zugenommen.

Stellen Sie sich vor, Jugendliche erhielten über Autos nur zwei Arten von Informationen – die der Werbung und die Statistik der Verkehrsunfälle. Die Werbung würde ihnen allmächtige Fahrzeuge vorführen, die durch herrliche Landschaften fahren und die Begleitung der reizendsten Schönheiten versprechen. Andererseits würde man ihnen eine Liste von Familien vorlegen, die zerquetscht zwischen verbogenem Blech lagen, von Überfahrenen und Fahrern, die ein Nickerchen machten, um später in irgendeinem Abgrund ewig weiterzuträumen. Die einen Informationen zeigen ein falsches Paradies für alle, die anderen die sehr reale Hölle für einige – was würde hier fehlen? Doch wohl die objektive Mitteilung, daß Autos dazu dienen, mit einer gewissen Bequemlichkeit von einem Ort zum anderen zu gelangen, auch wenn ihr maßloser Gebrauch Verkehrsstaus verursacht und zu hohe Geschwindigkeit verhängnisvoll sein kann. Aber vor allem würden die Fahrlehrer für den Fahrunterricht all jener fehlen, die sich entschließen, ein solches Fahrzeug zu benutzen. Ich brauche nicht zu erwähnen, was passieren würde, wenn man Autos aus zweiter Hand von Gangsterbanden kaufen müßte und alle Tankstellen und Werkstätten im Untergrund arbeiten würden.

Die Schule kann nur den verantwortlichen Gebrauch der Freiheit lehren, aber sie kann den Schülern unmöglich raten, auf sie zu verzichten. Einige Pseudoerzieher sagen, Drogen seien keine Frage der persönlichen Freiheit, weil Drogenabhängige den freien Willen verlören. Als wenn nicht auch der, der heiratet, die Freiheit verlieren würde, ledig zu sein; der Studierende die Freiheit, Athlet zu werden; oder der Reisende die Freiheit, zu Hause zu bleiben!

Jede freie Auswahl bestimmt entscheidend die Orientierung unserer zukünftigen Wahlentscheidungen, und das ist nicht etwa ein Argument gegen die Freiheit, sondern der Grund, sie ernst zu nehmen und verantwortlich zu handeln. Es geht an der Sache vorbei, die Festlegungen, die durch den Gebrauch der Freiheit entstehen, mit dem Verlust der Freiheit zu verwechseln. Das ist scheinheilig, worüber uns schon ein echter

Heiliger, Johannes Chrysostomus, im 4. Jahrhundert aufklärte: »Ich höre den Mann ausrufen: ›Ach, gäbe es doch keinen Wein!‹ Wie unsinnig. Welche Schuld trifft den Wein am Mißbrauch? Wenn du wegen der Trunkenheit sagst, ›Ach, gäbe es doch keinen Wein!‹, müßtest du auch wegen der Diebe sagen ›Ach, gäbe es doch keine Nacht!‹, wegen der Denunzianten ›Ach, gäbe es doch kein Licht!‹, wegen des Ehebruchs ›Ach, gäbe es doch keine Frauen!‹.« Solange die absurde Bestrafung des Drogengebrauchs in Kraft bleibt, können die Bemühungen der Lehrer, Jugendliche vor Dummheiten zu bewahren, nur so weit gehen, ihnen zu empfehlen, die Illegalität nicht zu verklären – und natürlich erst recht nicht die Legalität.

Auch in der Frage der *Gewalt* trübt eine furchtsame Heuchelei beträchtlich die Möglichkeiten der Schule, der Gesellschaft bei der Vermeidung unerwünschter Gewalt und der nachhaltigen Eindämmung der unvermeidlichen (und, seien wir keine Heuchler, sogar der erwünschten) Gewalt zu helfen. Auf die erschreckte Frage »Warum sind Jugendliche gewalttätig?« müßte man zuerst antworten: Warum sollten sie es nicht sein? Sind es nicht ihre Väter, und waren es nicht ihre Großväter und Urgroßväter? Ist die Gewalt etwa kein so alter und so notwendiger Bestandteil der menschlichen Gesellschaften wie die Eintracht? Haben denn nicht bestimmte Formen kollektiver Gewalt menschliche Gemeinschaften gegen die destruktive Willkür einzelner verteidigt? Haben denn nicht auch jene, die sich den Tyranneien widersetzten, Gewaltmittel eingesetzt und dadurch erreicht, daß die Forderungen der Unterdrückten erfüllt oder Reformprojekte durchgeführt wurden?

Sagen wir es ganz deutlich, das heißt, pädagogisch: Eine menschliche Gesellschaft ohne eine Spur von Gewalt wäre eine perfekte, aber leblose Gesellschaft. Von dieser Grundtatsache muß jeder Erzieher bei der Behandlung der Gewalt ausgehen. Gewalt ist kein perverses, unerklärliches, irgendeiner teuflischen Welt entsprungenes Phänomen, sondern ein Bestandteil unserer Natur, und sie muß durch unser nicht weniger natürliches Streben nach Zusammenarbeit, Eintracht und friedlicher Ordnung auf rationale Weise kompensiert und gemildert werden. Tatsächlich besteht die fundamentale Tugend unseres gewalttätigen Wesens darin, daß sie uns gelehrt hat, die Gewalt zu fürchten und die Institutionen, die uns von ihr abbringen, hochzuschätzen.

Auf einem der zahllosen recht gemischten Kongresse zum Thema Gewalt, der gerade stattfand, als ich dieses Kapitel schrieb, bemerkte ein amerikanischer »Experte«, daß man jährlich vierzigtausend Morde und siebzigtausend Vergewaltigungen (oder umgekehrt?) vermeiden könne, wenn man Kindern und Jugendlichen das Fernsehen verbieten oder es auf ein Minimum reduzieren würde. Solche abstrusen Auffassungen genießen ein erstaunliches Ansehen. Als hätten Jugendliche nur deshalb Gewaltphantasien, weil sie ihnen durch das Fernsehen eingeflößt werden. Mit gleichem Recht könnten wir behaupten, das Fernsehen habe eine kathartische Funktion, um die inneren Dämonen auszutreiben, so daß es nur ihm zu verdanken sei, daß nicht noch mehr Verbrechen und Vergewaltigungen begangen werden. Oder man könnte sagen, daß unsere Zivilisation gewalttätig ist, weil ihre Hauptreligion ein Folterinstrument – das Kreuz – verehrt und das Blut der Märtyrer verherrlicht (das ist tatsächlich behauptet worden).

Solche Ansichten aber verletzen die erste Regel der Vernunft – die Phantasie von der Realität zu trennen – und vergessen eine Lektion, die mindestens bis auf Platon zurückgeht: Daß die Differenz zwischen dem Bösewicht und dem Gerechten darin besteht, daß der erste die Untaten begeht, die der zweite nur erträumt und verwirft. Es wird oft gesagt, man müsse lehren, daß Gewalt niemals mit Gewalt beantwortet werden dürfe – eine scheinheilige und rundheraus falsche Ansicht, und man gewinnt nichts, wenn man Falschheiten lehrt. Im Gegenteil, man muß erklären, daß Gewalt *immer* früher oder später mit Gewalt beantwortet wird als einzigem Mittel, sie einzudämmen, und es ist genau diese grausame Kette aus Provokation und Reaktion, welche die Furcht vor der Gewalt hervorruft und den Wunsch weckt, sie möglichst zu vermeiden (erinnern Sie sich an das, was wir weiter oben über die unvermeidliche pädagogische Rolle der Angst gesagt haben?). Wieder ist es Bruno Bettelheim, der auf überzeugendste Weise die Linie vertritt, der die Lehrer in dieser Frage folgen sollten: »Wenn wir die Kinder frei über ihre aggressiven Neigungen reden lassen, werden sie auch die furchtbare Natur dieser Tendenzen erkennen. Nur diese Art des Anerkennens kann zu etwas Besserem führen als der Leugnung und Unterdrückung gewalttätiger Handlungen einerseits und ihrem Ausbruch andererseits. Auf diese Weise kann die Erziehung die Überzeugung wecken, daß man Gewalttendenzen konstruktiv entgegentreten muß – sowohl den eigenen als auch den fremden –, wenn man sich selbst schützen und furchtbare Erfahrungen vermeiden will.«

Im Hinblick auf Gewalt, Drogen oder Sexualität ist nichts pädagogisch verfehlter als großartige Deklamationen nach dem Motto »alles oder nichts«, wie sie von einfallslosen Politikern gelegentlich lanciert und dann von den Medien immer wieder blind nachgebetet werden. Lehrer müssen immer daran denken – auch wenn es die anderen vergessen –, daß die Schule vernünftige Menschen heranbilden soll, keine Heiligen. Es darf nicht sein, daß wir über unserem Wunsch nach vorbildlich guten Jugendlichen vergessen, sie zu lehren, gut genug zu sein!

Kapitel 4

Die Disziplin der Freiheit

In einem Interview erzählte George Steiner eine Anekdote aus seiner Kindheit, als er im Alter von fünf oder sechs Jahren in Frankreich in den Kindergarten ging. Die Jungen trugen blaue Kittel und mußten aufstehen, wenn der Erzieher hereinkam. Am ersten Tag ließ der Erzieher nach diesem Ritual seinen strengen Blick über die Jungen gleiten, bevor er herausfordernd sagte: »Meine Herren, entweder Sie oder ich.«

Alle, die irgendwann einmal unterrichtet haben, vor allem diejenigen, die sehr junge Schüler unterrichtet haben, verstehen ziemlich gut den Sinn dieses scheinbar grausamen Dilemmas: Der Unterricht schließt immer eine gewisse Form des Zwangs, des Kampfes zwischen unterschiedlichen Willen ein. Kein Kind will lernen, zumindest nicht das, was mühsam erarbeitet werden muß und kostbare Zeit in Anspruch nimmt, die es lieber zum Spielen nutzen würde. Ich erinnere mich noch gut an die Niedergeschlagenheit eines meiner Neffen (als dieser etwa acht Jahre alt war), immer wenn seine Mutter ihm an irgendeinem jener magischen Nachmittage der Kindheit sagte, es sei Zeit, die Hausaufgaben zu machen. Er warf frustriert einen Blick auf seine Bilder zum Ausschneiden, auf das Fort, wo die Cowboys den Überfall der Indianer abwehrten, und auf seine Videospiele und seufzte: »Lernen, jetzt? Wo ich doch so viel zu tun habe!« Ich, der ich nie ein guter Schüler war, sympathisierte leidenschaftlich mit seiner resignativen Haltung, hatte aber keine andere Wahl, als mich auf die Seite der scheinbaren Tyrannei der Erwachsenen zu stellen.

Scheinbar oder real? Ist es etwa sicher, daß es nur *zu ihrem Besten* ist, wenn wir Kinder zum Lernen zwingen – ein schrecklicher Ausdruck, den wir im Laufe der Jahre zu hassen lernen, weil er gewöhnlich auch dazu dient, die schlimmsten Einmischungen in unser Leben zu legitimieren? Haben wir das Recht, ihnen die Disziplin aufzuzwingen, ohne die sie natürlich die meisten Dinge nicht lernen würden, die zu wissen wir für unerläßlich halten?

In gewissem Sinne ist die Tyrannei real. Wir sprechen von »Tyrannei«, wenn ein Mächtiger andere dazu zwingt, etwas gegen ihren Willen zu tun oder zu lassen. Und zweifellos geschieht dies in den ersten Jahren bei jeder Art von Unterricht. Aber Tyrannen, werden jetzt viele einwenden, zwingen ihren Opfern die Diktatur schließlich nicht zu deren Bestem auf, sondern zu ihrem eigenen Vorteil. Nun, man muß nicht gleich an Caligula denken, aber ohne Zweifel erziehen auch wir Kinder nicht nur zu ihrem Besten, sondern auch und vielleicht vor allem aus egoistischen Gründen. Hubert Hannoun vermutet sogar (in *Comprendre l'éducation*), daß wir erziehen, »um nicht zu sterben, um eine gewisse Art der Fortdauer zu erreichen, um uns durch die Erziehung zu verewigen, wie der Künstler versucht, durch sein Werk zu überdauern«.

Angesichts der entmutigenden Flüchtigkeit des Lebens und des Todes, der alles auszulöschen scheint, gibt es keinen beherrschenderen Wunsch, als unsere Erfahrung, unsere kollektive Erinnerung, unsere Gewohnheiten und Fähigkeiten zu verewigen, indem wir sie an jene weitergeben, die von unserem Fleisch abstammen und in unserer Gemeinschaft aufwachsen.

Non omnis moriar (»nicht alles stirbt«), schrieb Horaz im Vertrauen auf die Dauerhaftigkeit seines Werkes, und auch wir wollen nicht ganz sterben und übertragen daher die Bewahrung dessen, was wir sind und erstreben, der nachfolgenden Generation. So schafft Erziehung eine Art kollektives Kunstwerk, das nicht der Sprache oder einem Marmorblock, sondern Menschen eine Form verleiht. Und wie bei jedem Kunstwerk liegt darin weit mehr narzißtische Selbstbestätigung als Altruismus.

Auch in einem anderen Sinn reagiert die Erziehung eher auf die Interessen der Erzieher als auf die der Kinder. Damit die Gesellschaft weiter funktionieren kann – und das ist in jeder menschlichen Gemeinschaft das Hauptinteresse –, müssen wir in allen überlebenswichtigen Aufgaben dafür sorgen, daß andere uns ersetzen. Wir brauchen daher Nachfolger, deren unversehrte Kräfte für das Weiterlaufen der ganzen Maschinerie notwendig sind: um uns zu helfen und all das aufrechtzuerhalten, was wir Erwachsenen aufgrund unseres biologischen Schicksals nach und nach aufgeben müssen. Und natürlich bitten wir sie nicht um ihr Einverständnis, bevor wir ihnen die selten angenehmen Vorbereitungen ihres Mitwirkens abverlangen.

So sind unsere Kinder in jedem Fall verpflichtete Rekruten, sei es, weil wir sie wie eine der gesellschaftlichen Prothesen benutzen, mit denen wir uns eine gewisse Unsterblichkeit sichern, sei es, weil wir ihre Anstrengungen fordern, indem wir sie in der Erfüllung von Aufgaben unterweisen, die schon vor ihnen da waren und in Zukunft nicht ohne sie erledigt werden können. Haben wir eine Wahl? Gesellschaften sind, wie wir zu Beginn des Buches gesehen haben, »humanogen«: Ihr Hauptprodukt besteht in der Herstellung von Menschen, und um das zu erreichen, besitzen wir kein anderes Modell (und keine anderen Instrumente) als die bereits existierenden Menschen. Wir fragen unsere Kinder nicht, ob sie geboren werden wollen, und auch nicht, ob sie uns in ihren Kenntnissen, Techniken und Mythen ähnlich sein wollen. Wir zwingen ihnen das Menschsein auf, wie wir es verstehen und erleiden, genauso wie wir ihnen das Leben aufzwingen. Dunkel ahnen wir, daß wir ihnen zu viel aufhalsen, aber auch, daß wir ihnen die Möglichkeit geben, etwas Neues zu beginnen.

Die Proteste gegen diese unvermeidliche Tyrannei klingen immer nach rhetorischer Grobheit, auch in den Fällen, in denen sie mit der Kraft der Poesie oder der Tiefe der Metaphysik ausgedrückt werden: »Niemand hat mich um Erlaubnis gefragt, mich auf diese Welt zu bringen!« Da dies aber auch tatsächlich schwer möglich ist, kommt es so selten vor. Die Klage jedoch drückt eher die Entdeckung aus, was wir sind, nicht die Sehnsucht danach, nicht gewesen zu sein. Und da wir nun einmal hier sind, im Dasein, ist das einzige, was die anderen mit den Neuankömmlingen teilen können, das, was sie sind, die Formen, die das Dasein für sie besitzt. Wenn Erziehung auch eine gewisse Tyrannei bedeutet, so können wir uns später davon nur dadurch in einem bestimmten Maß befreien, daß wir sie durchmachen.

Die Disziplin der Freiheit

Alle guten Lehrer wissen, daß sie potentielle »Selbstmörder« sind: Zu Anfang sind sie unentbehrlich, aber ihr Ziel besteht darin, Individuen heranzubilden, die fähig sind, auf ihre Hilfe zu verzichten, eigene Wege zu gehen und diejenigen zu vergessen oder zu verleugnen, die sie unterrichtet haben. Erziehung ist immer ein Versuch, den Mitmenschen vor dem Schicksal der Tiere oder der niederdrückenden Begrenzung der bloßen persönlichen Erfahrung zu retten. Sie liefert unweigerlich einige symbolische Werkzeuge, die später neue Kombinationen und noch unergründete Ableitungen erlauben. Das ist wenig, aber es ist etwas und auf alle Fälle der unabänderliche Einstieg in die menschliche Natur.

In anderen Epochen und Kulturen schien die Auferlegung dieser sozialen Konditionierung weniger fraglich. Aber die moderne Sicherung des Ideals der persönlichen *Freiheit* erzeugt ein viel schwieriger zu lösendes Paradox. Natürlich ist das ausdrückliche Ziel des Unterrichts in der heutigen Zeit, wirklich freie Individuen heranzubilden. Aber wie kann man, ohne Mißtrauen zu wecken oder einen Skandal zu verursachen, zugeben, daß der Weg zur Freiheit und Autonomie über Unterrichtszwänge, über eine Gewöhnung an verschiedene Arten des Gehorsams führt? Die Antwort besteht darin, zu verstehen, daß die Freiheit, von der wir hier reden, nicht *a priori* zum menschlichen Wesen gehört, sondern durch unsere gesellschaftliche Integration erreicht wird. Darauf bezog sich Hegel, als er feststellte, daß frei zu sein nichts, frei zu werden hingegen alles bedeute. Wir gehen nicht von der Freiheit aus, sondern wir kommen bei ihr an. Frei sein heißt, *sich zu befreien* – von der ursprünglichen Unkenntnis, vom ausschließlichen genetischen Determinismus, der von unserer natürlichen und/oder sozialen Umwelt bestimmt wird, von instinktiven Begierden und Trieben, die wir im Zusammenleben mit anderen zu kontrollieren lernen.

Kein Lebewesen ist »frei«, wenn wir darunter verstehen, daß es fähig ist, sich selbst ungeachtet seines biologischen Erbes und seiner Umweltbedingungen völlig neu zu erschaffen. Das einzige, was wir erhoffen können, ist eine bessere oder schlechtere Anpassung an das Notwendige. Nur wir Menschen können (natürlich nur in gewissen Grenzen) die Umwelt an unsere Bedürfnisse anpassen, anstatt uns einfach mit ihr abzufinden, können mit Hilfe der anderen die Mängel unserer tierischen Physis kompensieren und die erblichen Zwangsläufigkeiten zugunsten eigener Entscheidungen durchbrechen – im Rahmen des Möglichen, aber oft gegen die routinemäßige Wahrscheinlichkeit.

Freiheit ist nicht die ursprüngliche Abwesenheit von Konditionierungen (je kleiner wir sind, desto mehr versklavt uns das zum Überleben unbedingt Notwendige), sondern die Eroberung einer symbolischen Autonomie mit Hilfe des Lernens, das uns an Innovationen und Wahlmöglichkeiten gewöhnt, die nur innerhalb der Gemeinschaft möglich sind. Nicht einmal Rousseau, glaube ich, dachte anders, denn seine natürliche »Freiheit« ist lediglich eine Anpassung an eine natürliche Determiniertheit, die nicht als solche erkannt wird, und sein Protest gegen die sozialen »Ketten«, die man uns anlegt, ist von einer langen pädagogischen Betrachtung begleitet, um diese Fesseln anzunehmen und auf emanzipatorische Weise zu verändern.

Der Neuling beginnt in gewissem Sinn unter Zwang zu lernen. Warum? Weil man von ihm eine Anstrengung fordert, und Kinder strengen sich nicht freiwillig mehr an als bei dem, was ihnen Spaß macht. Die Belohnung, die das Lernen krönt, liegt in der Zukunft, und das Kind kennt sie nur vom Hörensagen, ohne recht zu verstehen, worum es geht. Das Studium ist etwas, das die Großen interessiert, aber nicht das Kind. Es ist nicht so, daß Kinder nichts wissen wollen, aber ihre Neugier ist unmittelbarer und weniger methodisch, als notwendig ist, um auch nur die Grundzüge der Arithmetik, Geographie oder Geschichte zu lernen. Man kann und muß beim Unterricht die anfängliche Neugier des Kindes berücksichtigen. Dennoch ist sie ein Drang, der durch die Erziehung entwickelt werden muß. Wer gar nichts weiß, hat gewöhnlich auch keinerlei Forscherdrang, aber wer ein bißchen weiß, bekommt bald Appetit auf mehr. Das Kind weiß nicht, daß es nichts weiß, das heißt, es vermißt die Kenntnisse nicht, die es nicht hat. Wie wir im ersten Kapitel betont haben, ist es der Erzieher, der dem Nichtwissen des Schülers seine Aufmerksamkeit zuwenden muß, weil für ihn das Wissen, das diesem fehlt, einen positiven Wert hat.

Es ist der Lehrer, der Wissen besitzt, der fest daran glaubt, daß das, was er unterrichtet, die Mühe lohnt, es zu lernen. Man kann nicht vom Kind verlangen, etwas wissen zu wollen, von dem es nicht einmal etwas ahnt, außer durch einen Akt des Vertrauens zu den Älteren und des Gehorsams gegenüber ihrer Autorität. Noch weniger weiß es von Natur aus zu würdigen, daß man ihm soziale Tugenden wie Sauberkeit, Pünktlichkeit, Achtung vor den Schwachen usw. auferlegt, die nicht seinen Wünschen entsprechen. Kant meinte, daß eines der ersten und durchaus nicht verachtenswerten Ziele der Schule darin bestehe, Kinder zu lehren, ruhig zu sitzen, was sie fast nie für lange Zeit aus eigenem Entschluß tun, es sei denn, man erzählt ihnen eine schöne Geschichte (zu Kants Zeiten gab es natürlich noch kein Fernsehen). Mit einem Wort, man kann ein Kind nicht erziehen, ohne es mehr oder weniger zu ärgern. Um seinen Geist erleuchten zu können, muß man vorher seinen Willen formen, und das ist immer recht schmerzlich.

Um den Zwang, den jeder Unterricht einschließt, mit dem Postulat der persönlichen Freiheit von heute zu versöhnen, sehen einige Pädagogen das Ziel des Unterrichts darin, der latenten Freiheit des Schülers Bahn zu brechen, damit sie sich voll entfalten kann. Kant denkt genauso, und weiter oben haben wir in diesem Zusammenhang bereits einen wichtigen Ausspruch Hegels kommentiert. Dieser Ansatz ist sehr vernünftig, unterschätzt aber zuweilen in ungebührlicher Weise die Zwangsdimension des Erziehungsprozesses und geht davon aus, daß in jedem Kind ein ursprünglicher Kern vorhanden sei, den es nur zu entwickeln gelte, dessen Existenz jedoch recht zweifelhaft ist. Zum Beispiel behauptet Olivier Reboul in seinem Buch *La philosophie de l'éducation*, »erziehen heißt nicht, nach einem Modell Erwachsene zu fabrizieren, sondern in jedem Menschen das zu befreien, was ihn daran hindert, er selbst zu werden, und ihm zu ermöglichen, sich gemäß seinem einzigartigen ›Genius‹ zu verwirklichen«. Diese Äußerung, mit der man fast unvermeidlich sympathisiert, muß nuanciert werden: Damit ein Kind »es selbst« werden kann, muß die Erziehung es auf der Grundlage eines Modells zu einem Erwachsenen bilden, wie offen, experimentell, wie fähig zu Neuerungen usw. ein solches Modell auch sein mag. Nicht der Lehrer lernt vom Kind das Modell, nach dem es zur Reife gelangen kann, sondern es ist das Kind, das lernen muß, geleitet durch ein Vorbild, das der Lehrer kennt und ihm vermittelt.

Natürlich muß der Erzieher die Wesenszüge und besonderen Fähigkeiten des Kindes möglichst gut kennen, um es auf nutzbringendste Art zu unterrichten; aber was das Kind bereits ist, kann dem Erzieher nicht als Norm dafür dienen, was es werden soll. Autonomie, soziale Tugenden, intellektuelle Disziplin, all das, was einen reifen Menschen ausmacht, ist im Schüler noch nicht vorhanden, sondern muß ihm, damit dieser Mensch »er selbst« werden kann, in Form äußerer Modelle nahegebracht und in gewissem Sinn aufgezwungen werden. Eine zunehmende Vertrautheit mit solchen Modellen allein reicht noch nicht, um sie sich wirklich zu eigen zu machen. Wenn der Erzieher ihm keine angemessenen rationalen Identifikationsmodelle anbietet, wird das Kind nicht etwa ohne Modelle aufwachsen, sondern jene übernehmen, die ihm das Fernsehen, die allgemeine Bosheit oder die Brutalität der Straße vorsetzen und üblicherweise gierigen Luxus oder rohe Gewalt verherrlichen.

Im Kind gibt es nämlich kein voll ausgebildetes und unverrückbares »Wesen«, das nur noch gefördert werden müßte, sondern eher Potentialitäten, die kanalisiert (und teilweise auch beschnitten) werden müssen, um es jener charakterlichen Fülle anzunähern, die man für erzieherisch wünschenswert hält. Natürlich ist dieses Ideal nicht immer das gleiche, es wandelt sich im Lauf der Zeit und variiert von einer Kultur zur anderen. Auch innerhalb jeder Gesellschaft erzieht man in gewissem Sinn nach unterschiedlichen Modellen menschlicher Reife, und allzuoft wird dadurch die Ungleichheit der individuellen Lebenschancen fortgeschrieben. Außerdem sind für Kinder natürlich Dinge und andere Menschen weit interessanter als die Abgründe ihrer eigenen Subjektivität.

Beobachten wir ein Kind: Außer in sehr seltenen Fällen ist das, was es reizt oder fasziniert, die Welt (und ihre komplexe Beziehung zu ihm), nicht seine innere Person. Nur wenn man ein Kind quält, zieht es sich in sich selbst zurück, genauso wie Jahre später das unvermeidliche Leid des Lebens uns alle etwas introspektiv macht. Das Kind will in erster Linie, daß man ihm das Universum mit all seinen Aufgaben und Abenteuern überreicht; daß man ihm die kleinsten Einzelheiten dessen, was bereits existiert, anbietet, ohne erst um Erlaubnis zu fragen oder seinen Launen zu gehorchen; daß man es bereichert und ihm den Schlüssel aushändigt für alles, was es umgibt. Aber wir sollen nicht nach den Perlen suchen, die in ihm verborgen liegen, denn diese kommen zu gegebener Zeit schon von selbst ans Licht.

Einem bestimmten pädagogischen Mythos verdankt sich die Fabel vom »schöpferischen Kind«, das durch die Einengungen der Erziehung gehemmt und verstümmelt wird. Nach dieser fälschlich Rousseau zugeschriebenen Vorstellung muß man der angeborenen Genialität des Kindes nur freien Lauf lassen, sich zu entwickeln, ohne ein anderes Erziehungsmittel, als ihm immer recht zu geben – also mehr oder weniger so, als hätte man einen Verrückten vor sich. Tut man dies nicht, so wird gesagt, dann opfere man seine Kreativität den erdrückenden und mittelmäßigen Routinen der Gesellschaft, in der wir leben. Claude Lévi-Strauss hat über den Mythos des schöpferischen Kindes kluge und provokative Seiten geschrieben (ich bin zu dem Schluß gelangt, daß in pädagogischen Fragen gewöhnlich nichts so provokativ ist wie kluge Ansichten). Dem großen Anthropologen zufolge sind in der Tat alle Kinder schöpferisch, aber nur hinsichtlich ihrer Möglichkeiten, nicht der tatsächlichen Fähigkeit, sie zu verwirklichen. Unter der Vielzahl der geistigen und körperlichen Gaben, die unsere genetische Ausstattung bilden, verlangt der Reifeprozeß, einige angemessen zu fördern und andere zu unterdrücken oder abzuschwächen, nicht allen den gleichen Entwicklungsspielraum zu geben, so als ob sie schon von allein eine ausgewogene Hierarchie bilden würden.

Aber kommt diese pädagogische Auswahl nicht einer verstümmelnden Begrenzung gleich? Lévi-Strauss räumt das ohne Umschweife ein: »Die mentalen Funktionen resultieren aus einer Selektion, die latente Kapazitäten aller Art unterdrückt. Solange sie fortbestehen, erregen sie mit vollem Recht unsere Bewunderung, aber es wäre naiv, sich nicht jener unvermeidlichen Notwendigkeit zu beugen, daß jeder Lernprozeß – auch der schulische – sich in einer Verarmung äußert. In der Tat reduziert er die schwankenden Fähigkeiten des Kleinkindes, aber nur, um andere zu festigen.« Zweifellos ist die beste Erziehung diejenige, der es gelingt, die größte Anzahl an Fähigkeiten, die noch harmonisch nebeneinander bestehen können, zu fördern; aber auch dieses Ideal setzt voraus, einige angeborene Anlagen zu beschneiden. Auch wo man einen Weg unter größter Schonung der Umwelt anlegt, wird geschnitten, gestutzt und oft Asphalt gebraucht, auf dem keine Blume mehr wächst.

Kindliche Kreativität zeigt sich vor allem in der Fähigkeit, die Erziehung zu verarbeiten, und diese Fähigkeit ist angeboren; vergessen wir nicht, daß auch der beste Lehrer lediglich unterrichten kann, während es das Kind ist, das den genialen Akt des Lernens vollbringt. Häufig ist dieses allmählich sich entwickelnde humanisierende Talent mit der künstlich gezüchteten Frühreife unvereinbar, die denen so sehr gefällt, die die Fähigkeiten ihrer Kinder wie Zirkusnummern vorführen wollen. Als vor einigen Jahrzehnten in Frankreich ein Mädchen namens Minou Drouet auftauchte, das als Wunder gefeiert wurde, weil es Gedichte schrieb, fühlte sich Jean Cocteau zu der Bemerkung veranlaßt: »Alle Kinder sind Dichter – außer Minou Drouet.«

Angeblich konnte Gott die Welt aus dem Nichts erschaffen, aber das Ergebnis von so viel Improvisation ermuntert nicht gerade, es ihm nachzutun. Sosehr wir Kinder auch für große Schöpfer halten mögen: bevor sie sich als solche betätigen, empfiehlt es sich, ihnen eine angemessene Vorbereitung zu geben. Und wenn dabei etwas von ihrer »Kreativität« verlorengeht, werden sie sicher zum Ausgleich für die Gemeinschaft wertvoller sein, weniger egozentrische und daher anregendere Persönlichkeiten. Muß man daran erinnern, daß keine Erziehung ohne etwas *Disziplin* auskommt? In diesem Punkt stimmt die Erfahrung der »Primitiven« und der Antike, der Moderne und der Zeitgenossen überein, sosehr sie sich auch in anderen Aspekten unterscheiden. Die Etymologie des Wortes (es stammt vom lateinischen *disciplina* ab, das aus *discere*, lernen, und dem Wort für Kinder, *pueri*, zusammengesetzt ist) verbindet direkt die Disziplin mit dem Unterricht: die Forderung an den Schüler, aufmerksam das Wissen aufzunehmen, das man ihm anbietet, und die Aufgaben zu erledigen, die das Lernen erfordert. Der Begriff dient auch dazu, die verschiedenen Fähigkeiten und Wissensfelder zu benennen, die man mit dieser Haltung lernt: Mathematik oder Geographie sind Disziplinen, deren Erlernen Disziplin erfordert.

Die Disziplin der Freiheit

In logischer Erweiterung des Begriffes spricht man auch von militärischer oder religiöser Disziplin und dem disziplinierten Einhalten der Diät, die ein Arzt verordnet hat – Verwendungen des Wortes, die es eher mit der Macht in Verbindung bringen als mit der reinen Erziehung. Zweifellos war es unter den zeitgenössischen Denkern Michel Foucault, der die innige Verbindung zwischen Macht – das heißt, der Fähigkeit einiger Personen, zu bestimmen, was andere zu tun oder zu glauben haben – und jeder Art des Wissens am deutlichsten hervorgehoben hat. Das historische Subjekt gelangt nie zur Erkenntnis außerhalb der herrschenden sozialen Mächte; diese ist vielmehr immer schon durch ein Geflecht aus Interaktionen mit ihnen vermittelt, das nie einfach, noch viel weniger neutral ist. In der heutigen Zeit wird diese Zwangsorientierung des Lernens nicht durch körperliche Züchtigungen durchgesetzt, sondern mittels einer Beaufsichtigung, die die Individuen psychologisch kontrolliert und »normalisiert«, um sie gesellschaftlich produktiv zu machen. Macht erzwingt immer Disziplin, aber laut Foucault ist sie seit dem 17. Jahrhundert auf subtile und unumkehrbare Weise immer disziplinarischer geworden. Die Disziplinierungsweisen für Körper und Seele, die zu diesem Zweck geschaffen werden, entsprechen spezifischen *Interessen*, die in jeder Epoche durch die herrschenden Gruppen und die defensiven Erfordernisse bei der Entwicklung ihrer Herrschaftsform bestimmt werden.

Die detaillierten Analysen Foucaults, die durch seine Nachfolger mit einem Scharfsinn fortgeführt wurden, der in Einzelfällen dem des Meisters nicht nachsteht, haben einen bedeutenden Beitrag zum Studium der Entwicklung der Schule geleistet, sie mit anderen Gebieten der sozialen Kontrolle wie dem Heim, dem Gefängnis, der Irrenanstalt oder dem Krankenhaus in Beziehung gesetzt und die zeit- und geschichtslose Idealisierung des Erziehungsprozesses entmythologisiert. Gleichzeitig wird in ihnen aber auch zuweilen eine allzu globale und ambivalente Betrachtung der Macht spürbar: Einerseits ist die disziplinarische Macht in letzter Instanz für alle modernen Erziehungsmethoden verantwortlich, für die repressivsten ebenso wie für die liberalsten, für die wachsame Allgegenwart des Lehrers ebenso wie für die Kontrolle, die der Schüler in Form kreativer Spontaneität verinnerlichen soll; andererseits wissen wir nicht, ob wir uns angesichts dieser alles durchdringenden Disziplinierung kritisch, rechtfertigend, mitwirkend, rebellierend oder neutral verhalten sollen.

Wenn man davon ausgeht, daß die psychologisierenden Verfahren der heutigen Pädagogik eine Technik der disziplinarischen Macht sind, wie früher der Schlagstock oder die Aufgabe, tausendmal ein falsch geschriebenes Wort zu schreiben; wenn man akzeptiert, daß die flexible und vielseitige Ausbildung, die heute als Ideal vorgeschlagen wird, den Interessen des Kapitalismus dient, wie gestern ein anderes Erziehungsmodell der ökonomischen Macht die Spezialisierung bevorzugte und man in anderen Breiten die Unterwerfung unter das Evangelium des Marxismus erzwang – was sollen wir aus alldem schließen? Daß Juan de Torquemada, der die päpstliche Suprematie verteidigte, und Voltaire eigentlich dasselbe sind, daß durch die gegebene Verbindung von Macht und Erziehung jeder Unterricht unvermeidlich so schlecht ist wie die eklatantesten Manipulationen seiner Zeit; daß die Verpflichtung des Kindes, ruhig zu sitzen, einer subtilen, und ihm Fußballspielen beizubringen, einer nicht weniger hinterlistigen Form der Verstümmelung des Körpers gleichkommt? Sollen wir daraus schließen, daß man ein anderes antidisziplinarisches Erziehungsmodell vorschlagen müßte, oder überhaupt keins, oder etwa eine »disziplinlose Disziplin«?

Für den, der bereits grobe Antworten auf diese Fragen aus anderen soziologischen oder politologischen Ansätzen gewonnen hat, sind die Foucaultschen Analysen – die sie ja weder zuerst aufgeworfen haben und noch viel weniger lösen – gewöhnlich äußerst nützlich; andere dagegen verleiten die pädagogischen Exkurse der Mikrophysik der Macht häufig nur zu schädlicher Demagogik.

In seiner *Politeia* sagt Platon: »Erziehe daher, mein Liebster, die Knaben in den Wissenschaften nicht mit Gewalt, sondern spielend, damit du um so besser die Natur eines jeden erkennen kannst« (536e-537a). Dieser berühmte Ausspruch wurde im Laufe der Jahrhunderte bei zahllosen Gelegenheiten wiederholt und besonders in unserer Zeit emphatisch aufgegriffen.

Das Motto »durch Vergnügen unterrichten« wird durch das noch ehrgeizigere »spielend lernen« ergänzt. Montaigne, häufig modern in seinen Ansichten, zeigt eine glühende Neigung, keinen anderen Anreiz für den Unterricht zu akzeptieren als das Vergnügen des Schülers, und lehnt jede Form von Druck und Belastung ab. Später integrierten Johannes Bernhard Basedow, Celestin Freinet und Maria Montessori diesen spielerischen Lernansatz in ihre pädagogischen Methoden. Dieser Ansicht zu widersprechen scheint Ausdruck eines schrecklichen und diktatorischen Charakters zu sein: Wenn das Spiel jene Tätigkeit ist, die ein Höchstmaß an Freiheit gewährleistet, die sich jeder Instrumentalisierung entzieht und die das Kind aus sich heraus sucht, ohne daß jemand sie ihm aufzwingen muß – welchen besseren, nicht auf Gehorsam, sondern auf freudige Zusammenarbeit bauenden Weg als diesen könnte es für seine Erziehung geben? Man sollte jedoch Augenmaß bewahren und auch bei diesem Punkt nicht davor zurückscheuen, sich unbeliebt zu machen.

Das Spiel ist eine grundlegende Tätigkeit aller Menschen, von Kindern und Erwachsenen gleichermaßen. Sein freier und gleichzeitig geregelter, symbolischer Charakter, in dem Tradition und Neuerung verschmelzen, macht es in gewisser Weise zu einem vollkommenen Sinnbild unseres Lebens. So haben es angesehene Wissenschaftler gesehen, wie Johan Huizinga in seinem Werk *Homo ludens*, in dem alle menschlichen Beschäftigungen und Sorgen, soweit sie sich im Spiel manifestieren, behandelt werden, oder Roger Caillois in seinen anthropologischen Untersuchungen des Spiels. Es steht außer Zweifel, daß man Kindern vieles beibringen kann, indem man ihren Spieltrieb ausnutzt. Die wenigen Geographiekenntnisse, die ich behalten habe, lernte ich durch ein Gesellschaftsspiel, das »Touristen und Piraten« hieß – früher spielte man am Tisch, nicht am Computer, erinnern Sie sich? Man mußte mehrere Frachten zu den verschiedensten Häfen transportieren und dabei darauf achten, nicht gekapert zu werden (das Spiel ergänzte ich durch literarische »Begleittexte« von Emilio Salgari, dessen Schilderungen exotischer Länder den Lerneffekt noch verstärkten).

Sicher können erfindungsreiche Lehrer Spiele nutzbringend im Unterricht einsetzen und sogar manchmal die jugendliche Neigung zum Wettbewerb bis zum äußersten anstacheln, wie die Jesuiten in ihren berühmten »Turnieren«, bei denen eine

Klasse in zwei rivalisierende Gruppen geteilt wurde. Gerade bei den Kleinsten macht es sich oft bezahlt, ihren Spieltrieb auszunutzen, um sie ins Lernen einzuführen, sei es in die Benutzung von Computern oder vieles andere – auch wenn zuviel »Nutzeffekt« die Zweckfreiheit des Spiels verdirbt.

Trotzdem kann das meiste, was in der Schule unterrichtet werden muß, nicht im Spiel gelernt werden. Nach dem schönen Ausspruch von Novalis bedeutet spielen, mit dem Zufall zu experimentieren. Die Erziehung richtet sich dagegen auf ein vorgegebenes und bewußtes Ziel, so offen es auch sein mag. Die Idee, zur Schule zu gehen, um zu spielen, ist unsinnig: Zum Spielen genügen Kinder sich selbst vollauf, so daß man sie dabei am besten in Ruhe läßt und ihnen die Möglichkeit gibt, sich ihre Spielplätze selbst zu suchen. Das erste, was wir in der Schule lernen, ist ja gerade, daß wir nicht das ganze Leben lang spielen können. Das Spielen und die Dinge, auf die wir beim Spielen stoßen, lernen wir von selbst oder mit Hilfe eines Spielkameraden; zur Schule gehen wir, um das zu lernen, was anderswo nicht gelehrt wird.

Was ich bereits im vorigen Kapitel erwähnte, muß an dieser Stelle noch einmal wiederholt werden, handelt es sich doch um eine jener offensichtlichen Wahrheiten, die uns dennoch wie ein Paradox überraschen: Der Zweck des Schulunterrichts besteht darin, die Kinder auf das Leben als Erwachsene vorzubereiten, nicht, sie in ihren kindlichen Freuden zu bestätigen. Und Erwachsene spielen nicht nur, sondern vor allem strengen sie sich an und arbeiten. Diese Aufgaben fallen zu Anfang schwer, aber sie sind nicht immer unangenehm. Sind die Jahre der ersten Kindheit vorüber, sind sie sogar unerläßlich, um von Zeit zu Zeit auch die Augenblicke des Spiels zu verschönern. Die Schule ist der Ort, um zu lernen, daß man nicht nur spielend die Liebe zum Leben zeigt, sondern auch durch die Erfüllung gesellschaftlich notwendiger Aufgaben, vor allem aber, indem wir durch sie eine Berufung finden, wie bescheiden sie auch immer erscheinen mag. Natalia Ginzburg schreibt in ihrem wunderschönen Essay *Le piccole virtù*, jede Berufung sei eine Form der Liebe zum Leben und eine Waffe im Kampf gegen die elende Lebensangst.

Die große Wahrheit, daß ein mühseliges und diszipliniertes Unterfangen nicht nur in sich selbst lohnend sein kann, sondern auch eine unerläßliche Voraussetzung ist, um »von innen heraus« die kulturelle Aufgabe zu verstehen, die uns zu Menschen macht, muß heute mit mehr Nachdruck bekräftigt werden denn je. Warum dies so wichtig ist, liegt an den Gegebenheiten der Konsumkultur, in der wir leben, wie François de Closets in seinem Buch *Le bonheur d'apprendre* einleuchtend erklärt: »Wollt ihr die Welt entdecken? Dann nimmt sich die Tourismusindustrie eurer an und ermöglicht euch zu überprüfen, ob sie den Fotos in den Werbeprospekten gerecht wird. Ist es Schönheit, was ihr sucht? Dann benutzt Cremes und Pillen, lauft zur Massage, zum Schönheitschirurgen, geht zu einer Kur der Thalassotherapie, hüllt euch ganz in anziehende Kleidung – das ist der Preis der Schönheit. Ein hoher, selbstverständlich. Wenn euch schöne Geschichten gefallen, macht euch nicht die Mühe zu lesen: seht statt dessen fern, geht ins Kino; wenn die Gastronomie euch reizt, lernt nicht kochen, sondern leistet euch gute Restaurants; wenn ihr starke Gefühle wollt, besucht EuroDisney; wenn euch die metaphysischen Fragen faszinieren, geht zu einem Wahrsager, und nehmt, solltet ihr trotz all dieser Vergnügen dennoch in Depressionen verfallt, Aponal oder Saroten. Aber vor allem unternehmt nichts selbst, strengt euch nicht an, verschleißt euch nicht, ermüdet euch nicht, unterwerft euch nicht den Zwängen einer Disziplin. Bezahlt – das ist das einzige, was ihr tun müßt.« Ähnlich äußert sich Claude Lévi-Strauss: »Unsere Kinder werden geboren und wachsen in einer von uns geschaffenen Welt auf, die ihren Bedürfnissen zuvorkommt, ihre Fragen unterbindet, sie mit Antworten überhäuft. In dieser Hinsicht sehe ich keinen Unterschied zwischen den Industrieprodukten, die uns überschwemmen, und den ›imaginären Museen‹, die in Gestalt von Taschenbuchreihen, Kunstbänden und immer neuen Ausstellungen das Interesse zersetzen und abstumpfen, die Spannung reduzieren, das Wissen desorganisieren: leere Versuche, den Heißhunger eines Publikums zu befriedigen, über das sich der Wirrwarr aller geistigen Produktionen der Menschheit ergießt. Daß die Schule in dieser Welt der Mühelosigkeit und Verschwendung der einzige Ort bleibt, an dem man sich anstrengen muß, Disziplin befolgen, Demütigungen einstecken, Schritt für Schritt vorgehen, unter ›strengem Regiment‹ – wie man so sagt – leben muß: das wollen die Kinder nicht gelten lassen, weil sie es nicht mehr verstehen können.« Lassen wir den etwas apokalyptischen und elitären Tonfall dieser Alarmrufe beiseite und denken wir vor allem daran, daß sie sich auf die entwickelten Länder beziehen, denn der Mehrheit der Kinder (oder Erwachsenen) der dritten Welt fehlt die Gelegenheit, solchen Versuchungen zu erliegen. Im Kern ist ihre Botschaft richtig und notwendig: Die Kultur ist nicht etwas, was man konsumieren, sondern etwas, das man sich aneignen muß. Und man kann sich die Kultur nicht aneignen, ihre Entwicklung und ihren Sinn verstehen und sich vor denen schützen, die sie zur reinen Ware machen wollen, wenn man sie völlig von der schöpferischen Arbeit, der sie entspringt, und von der Disziplin trennt, mit der sie unweigerlich verbunden ist.

Das Wort »Autorität« stammt etymologisch vom lateinischen Verb *augeo* ab, das unter anderem »großziehen« bedeutet. Das Paradox jeder Ausbildung besteht darin, daß sich verantwortliche Individuen nur auf der Basis von Entscheidungen heranbilden, die sie noch nicht eigenverantwortlich treffen können. Das Erlernen von Selbstkontrolle beginnt mit den Befehlen und Anweisungen der Mutter, die das Kind später in einer dualen psychischen Struktur verinnerlicht, welche es zugleich zum Geber und Empfänger von Befehlen macht, das heißt, es lernt, sich selbst zu befehlen, indem es anderen gehorcht. Kinder wachsen auf der ganzen Welt wie Efeu, indem sie sich an die Erwachsenen, die ihnen Stütze und Widerstand zugleich sind, festklammern und an ihnen emporranken. Wo dieser nicht immer angenehme Halt fehlt, können die zarten Pflanzen verkümmern. Dabei müssen sie kontinuierlich von Autorität geleitet werden, zuerst in der Familie und später in der Schule. Denn wo nach einer Periode willkürlicher Nachlässigkeit plötzlich eine starke Autorität ausgeübt wird, kommt es leicht zu einer Katastrophe.

Die Autorität der Älteren über die Jüngeren wird natürlich wie eine notwendige Zusammenarbeit angeboten, aber bei bestimmten Gelegenheiten muß sie auch aufgezwungen werden. Es ist unsinnig, unbedingt vom Kindergarten an das demokratische Prinzip anwenden zu wollen, alles unter Gleichen zu entscheiden, weil Kinder ihren Erziehern nicht gleich sind, wenn es um die Erziehungsinhalte geht. Eben damit sie ihnen später in ihren Kenntnissen und in ihrer Autonomie gleich werden, werden sie ja erzogen. Sie können und müssen natürlich demokratische Entscheidungsprozesse einüben. Es ist ratsam, daß ihr auf diese Weise gefördertes Urteilsvermögen in manchen nachrangigen Schulangelegenheiten den Ausschlag gibt, aber es wäre schlicht Betrug, sie als eine vom autoritären Lehrsystem der Erwachsenen unterdrückte Minderheit zu betrachten, denn in diesem Augenblick ihres Lebens sind sie noch nicht unterdrückt; wohl aber werden sie es im späteren Leben sein, wenn sie zur Unzeit »befreit« werden und, anstatt an ihrer Erziehung mitzuwirken, über diese bestimmen können. Das hat Hannah Arendt in ihrem polemischen und anregenden Vortrag über die gegenwärtige Krise der Erziehung treffend zum Ausdruck gebracht: »Die Autorität in ihr [der Erziehung] können nicht die Kinder abschaffen, die in diesem Falle die Rolle der Unterdrückten spielen würden, wiewohl auch diese Absurdität, die Kinder als eine unterdrückte Minderheit zu behandeln, die man befreien müsse, in den modernen Erziehungspraktiken wirklich vorgekommen ist. Die Autorität ist von den Erwachsenen abgeschafft worden, und dies kann nur eines besagen, nämlich daß die Erwachsenen sich weigern, die Verantwortung für die Welt zu übernehmen, in welche sie die Kinder hereingeboren haben.« Nicht die Kinder rebellieren also gegen die erzieherische Autorität, sondern die Erwachsenen stiften sie dazu an und gehen ihnen in dieser Rebellion voran, die sie von der Aufgabe befreit, den Kindern die beständige, herzliche, aber feste, geduldige und komplexe Unterstützung anzubieten, die ihnen helfen muß, aufrecht in die Freiheit der Erwachsenenwelt hineinzuwachsen.

Im vorigen Kapitel sahen wir bereits, welch problematische

Rolle die Abdankung der Familie, vor allem des Vaters, bei der allmählich Platz greifenden Behinderung und Hemmung des kindlichen Wachstums spielt. Nicht alle Probleme kann die Schule lösen oder die gute Arbeit von Lehrern kompensieren: In diesen Fragen kann die Schule nicht außerhalb des sozialen und familiären Umfelds des Kindes handeln; erst recht kann sie nicht wie ein externes Korrektiv gegen dieses Umfeld agieren, als müsse sie angesichts der Abstinenz der anderen Beteiligten nur ihre erzieherischen Anstrengungen verdoppeln. Dieser Versuch ist normalerweise unwirksam und neigt außerdem zu schädlichen Übertreibungen: Während ich diese Zeilen schreibe, schlug die britische Kultusministerin allen Ernstes vor, in den Schulen die Prügelstrafe wieder einzuführen (die erst vor zehn Jahren abgeschafft worden war!), und in Colleges nordamerikanischer Großstädte muß man am Eingang einen Metalldetektor passieren, um das Hineinschmuggeln von Waffen in die Klassenräume zu verhindern.

In Städten wie New York ist es äußerst schwierig, qualifizierte Freiwillige für die riskante Stelle eines Lehrers zu finden, und man muß mit dem Erstbesten zufrieden sein, der es wagt, sich als Kandidat zu präsentieren; die Schulstunden wurden auf eine unwahrscheinliche Dauer verkürzt – in manchen Fällen auf weniger als eine halbe Stunde –, damit das permanente Hin und Her eine Ermüdung verhindert, die in Aggression umschlagen könnte. Die Kinder sind von der Unkultur des *zapping* verdorben – dem hysterischen Hin-und-herspringen zwischen Fernsehprogrammen, Musik usw. –, die sie unfähig macht, etwas von Anfang bis Ende zu sehen oder zu hören. So können sie kaum eine ganze Schulstunde durchhalten, deren Thema sie nicht pausenlos begeistert und, schlimmer noch, sie zwingt, sich etwas anzustrengen. Daher hat der arme Lehrer den schlechteren Part, oft mit dem Risiko, auch noch körperlich angegriffen und verletzt zu werden. Natürlich stammen solche halbkriegerischen Auseinandersetzungen zum großen Teil aus sozialen Konflikten, für die die Schule nicht verantwortlich ist und die sie daher nicht allein lösen kann. In jedem Fall aber ist offensichtlich, daß hier etwas im argen liegt. Kindheit und Jugend sind immer häufiger von Gewalt geprägt – an bestimmten Orten erleiden Kinder Gewalt, an anderen üben sie sie aus, und nicht selten folgt das eine aufs andere. In diesem Panorama verwandelt sich die humanisierende Funktion der Erziehung manchmal in einen ohnmächtigen Traum.

Andererseits besteht die Lösung nicht darin, sich nach einem Schulgefängnis oder der universellen Besserungsanstalt zu sehnen, wo die Jugendlichen mit so überzeugenden Methoden wie der Militärdisziplin oder der Gefängniskontrolle »normalisiert« werden. Die Schule soll freie Bürger heranbilden, keine Regimenter mit fanatischer Disziplin, die dann am Ende die erlittene Repression in Gewalt gegen Sündenböcke richten, die ihre Vorgesetzten ihnen nennen. Der Lehrer muß bei seinen Schülern die arrogante Widerspenstigkeit (die dem Verwöhnten eigen ist, der überall die Launenhaftigkeit austoben will, die man ihm zu Hause durchgehen läßt) oder die Brutalität verhindern, mit der der Stärkste nach Belieben die Mitschüler und sogar die ängstlichen Lehrer tyrannisiert (wenn die verantwortlichen Erwachsenen nicht ihre Autorität ausüben, regiert nicht die brüderliche Anarchie, sondern der Despotismus der Rädelsführer).

Aber dennoch müssen diejenigen, die unterrichten, die Tugenden einer gewissen *Frechheit* bei den Schülern zu schätzen wissen. Die Frechheit ist weder Arroganz noch Brutalität, sondern die tastende Bestätigung der individuellen Autonomie und des kritischen Geistes, der nicht alles wie eine geoffenbarte Wahrheit akzeptiert. Michel Meyer stellt in seiner Studie über ebendieses Thema, die der sozialen Rolle der Intellektuellen in der Geschichte besondere Beachtung schenkt, fest, daß »die Frechheit nichts anderes ist als die Fähigkeit des Menschen, in Ausübung seiner Freiheit Fragen zu stellen, eine Fähigkeit, die auf die anderen gerichtet ist, auf das Soziale, das schon Vorhandene, mit dem man leben können, dem man aber nicht unbedingt zustimmen muß«. Die Fähigkeit, auf zivilisierte, aber nicht gefügige Weise mit Konflikten umzugehen, ist ein Zeichen von geistiger und sozialer Gesundheit, nicht von destruktiver Aggressivität. Für einen besonnenen Lehrer ist die gelegentliche Frechheit seiner Schüler ein positives Symptom, auch wenn sie zuweilen unangenehm sein mag. Wenn ich in diesem Zusammenhang von »Besonnenheit« rede, so deshalb, weil sie meiner Meinung nach die geeignete Haltung ist, um Lehreramt und Autorität in Einklang zu bringen. Diese Versöhnung muß das schwierigste Ziel erreichen, nämlich einen Unterricht zu gestalten, der einerseits respektiert wird, andererseits aber als eine der notwendigen Lektionen die Fähigkeit zur Unehrerbietigkeit und zum wohlbegründeten (oder spöttischen) Dissens als Weg zur intellektuellen Reife fördert.

Der Lehrer stützt sich bei seinem Unterricht nicht nur – und dies wohl grundsätzlich nicht – auf seine Kenntnisse, sondern auf die Überzeugungskraft seines moralischen Einflusses auf seine Schüler: Er muß verführen können, ohne zu hypnotisieren. Wie oft erwacht nicht der Berufswunsch eines Schülers mehr durch Anhänglichkeit an seinen Lieblingslehrer als durch das Fach selbst, das dieser unterrichtet! Vielleicht kann die zu starke Persönlichkeit eines Lehrers seine Funktion als sozialer Mittler für die Jugendlichen erschweren oder sogar pervertieren, aber ich zweifle nicht daran, daß ohne eine gewisse persönliche Ausstrahlung der Lehrer aufhört, einer zu sein, und stattdessen zu einer leiernden Platte oder einem Gelegenheitspolizisten verkommt. Es muß gerade heute daran erinnert werden, daß die Pädagogik viel mehr von der Kunst als von der Wissenschaft hat, das heißt, daß es zwar sinnvolle Ratschläge und Techniken für gute Pädagogik gibt, daß sie aber nie besser beherrscht wird als durch ihre tagtägliche Ausübung, die in den glücklichsten Fällen soviel der Intuition verdankt. Wir werden Gelegenheit haben, diese Gedanken im folgenden Kapitel zu vertiefen.

Kapitel 5

Humanität ohne humanistische Bildung?

Jede Epoche hat ihre Schrecken. Gewöhnlich sind es die Gespenster, die sie verdient, aber häufig sind in ihnen die wirklich bedrohlichen Gefahren der Zeit gar nicht deutlich erkennbar. Ein zeitgenössischer französischer Historiker stellte vor nicht langer Zeit zum Spaß eine Liste der wichtigsten Schrecken auf, die Ende des vorigen Jahrhunderts die Bewohner von Paris bedrückten. Darunter befanden sich die bevorstehende Invasion der Kosaken, die perverse Doktrin des Neukantianismus und die Mode, die Leichen einzuäschern (»Wo soll das noch hinführen?«), aber kein Wort über den Nationalismus oder die wissenschaftliche Entwicklung der Massenvernichtungswaffen, Gefahren, die tatsächlich das kommende Jahrhundert verdüstern sollten.

Heute, wo wir kurz vor der Vollendung eines Jahrtausends stehen, gibt es wieder eine Reihe prophetischer Alarmrufe, die zumindest rhetorisch große Unruhe stiften, auch wenn es keineswegs sicher ist, daß sie wirklich die zukünftigen Probleme erfassen. Auf dem Gebiet der Bildung ist eines dieser Gespenster die Vermutung, daß die Geisteswissenschaften aus den Lehrplänen verschwinden und durch technische Fächer ersetzt werden. Künftige Generationen würden dadurch einer historischen, literarischen und philosophischen Vision beraubt, die für die Entwicklung der vollen Menschlichkeit unerläßlich ist – so, wie wir sie heute in unseren Breiten verstehen. Die Frage verdient hier größere Aufmerksamkeit, weil uns die Frage nach dem Unterricht, den wir wollen bzw. nicht wollen, auch zum Nachdenken über die Qualität der heutigen Kultur zwingt, in der wir uns bewegen.

In gewissem Sinn erscheint diese Furcht sehr begründet. Die allgemeinen Lehrpläne fördern gewöhnlich wissenschaftliche oder technische Kenntnisse, denen eine unmittelbare praktische Nützlichkeit, das heißt eine direkte Anwendbarkeit im Arbeitsleben, unterstellt wird. Die ständigen Innovationen, neue Entdeckungen und alles, was der Technologie der Zukunft den Weg ebnet, genießen das größte Prestige, während die Erinnerung an das Vergangene oder die großen spekulativen Theorien ein bißchen nach Zeitverschwendung klingen. Es besteht eine gewisse Skepsis im Hinblick auf umfassende Welterklärungsansätze: Solche totalisierenden Geltungsansprüche sind bereits zu oft in Totalitarismus abgedriftet und in jedem Fall immer Gegenstand endloser Kontroversen, die heute in dem Bestreben, »politisch korrekt« zu sein, lieber offengelassen werden, damit jeder maximale Wahlfreiheit behält.

In multiethnischen Gesellschaften – und sie müssen es immer mehr werden – ist die Erörterung fundamentaler Fragen zudem gefährlich oder zumindest heikel. Auch Ziele und Zwecke in einer Gesellschaft, seien sie politischer oder ästhetischer Natur, sind offenbar nicht leicht zu definieren. So ist es sicherer, die Ziele auszuklammern, sich auf die Vermittlung der Mittel zu konzentrieren und auf dem festen Boden des berechnenden Pragmatismus zu bleiben, für den sich gewöhnlich ein breiter Konsens findet. Außerdem kontrastiert in einigen Ländern, wo ein zum Dogmatismus neigender Klerus lange das pädagogische Angebot monopolisierte, die Überfülle an Gelehrten, die in der Haarspalterei versiert sind, mit dem traurigen Mangel an fähigen Wissenschaftlern. Es ist daher logisch, wenn progressiv eingestellte Schulbehörden dieses Verhältnis umzukehren suchen.

Vor kurzem enthüllten die Experten der III. Internationalen Studie über Mathematik und Naturwissenschaften (TIMSS), die sich in Boston versammelten, um die Ergebnisse einer Erhebung unter einer halben Million Studenten aus fünfundvierzig Ländern (1992 durchgeführt) bekanntzugeben, daß zum Beispiel in Spanien das Niveau in diesen Fächern unter dem Durchschnitt liegt, während deutsche Schüler der Abschlußklassen gerade den Durchschnitt erreichen. Auch dieser Mangel müßte die gebildete Öffentlichkeit alarmieren, nicht nur die Verringerung der Stundenzahl in Fächern, die den »Geisteswissenschaften« zugerechnet werden.

Aber was bedeutet eigentlich der Begriff »Geistes-« oder »Humanwissenschaften«? Ich nehme an, daß niemand im Ernst behauptet, das Studium der Mathematik oder Physik sei eine weniger geistige – auch nicht weniger »humane« – Aufgabe, als sich dem Griechischen oder der Philosophie zu widmen. Nikolaus von Kues, Descartes, Voltaire oder Goethe wären baff vor Staunen, wenn sie heute dergleichen Unsäglichkeiten bei irgendeinem jener Autoren lesen müßten, die in

Büchern oder Zeitschriften endlos die unsinnige Klage über die »entmenschlichende« Technik wiederholen.

Die Trennung von wissenschaftlicher und literarischer Kultur setzte sich erst Ende des letzten Jahrhunderts durch und verstärkte sich in unserem Jahrhundert immer mehr. Dies, weil ein immer technischer und komplexer werdendes Wissen die Fähigkeiten eines einzelnen übersteigt und zur Spezialisierung zwingt, die nichts anderes als eine Form des Verzichts darstellt. So machte man denn aus der Not eine Tugend, und die Gelehrten begannen, über die inhumane Kleinkariertheit der Naturwissenschaft zu jammern, während die Naturwissenschaftler sich ihrerseits über deren geschwätzige Ineffizienz lustig machten. Sicher ist, daß diese kulturelle halbseitige Lähmung ein noch junges Phänomen ist, keine notwendige Konstante, und daß sie unter den berühmtesten Gestalten unserer Geistestradition wenige oder gar keine Paten finden würde.

Angeblich sind die Fähigkeiten, die durch die Geistes- oder Humanwissenschaften entwickelt werden, kritische Analyse, eine Neugier, die weder Dogmen noch Tabus respektiert, logisches Denken, Wertschätzung der höchsten Schöpfungen des menschlichen Geistes, ein Überblick über das Panorama des Wissens usw. Offen gestanden kenne ich kein ernsthaftes Argument dafür, warum das Latein- und Griechischstudium diese erwünschten Fähigkeiten mehr fördern sollte als Mathematik oder Chemie. Ich nenne diese Beispiele, weil ich in jeder dieser vier Disziplinen immer gleichermaßen inkompetent war und deshalb ganz unparteiisch über sie reden kann. Ohne am Eigenwert eines dieser Wissensgebiete zu zweifeln – wie kann man feststellen, daß die Philologie, die Liebe zum Wort oder zur Sprache, menschlich mehr bereichert als die experimentelle Wissenschaft, die sich mit der Dingwelt auseinandersetzt? Ich halte es für sehr wertvoll, zum Beispiel darüber Bescheid zu wissen, daß die »venerischen« Krankheiten etymologisch nichts mit den Venen zu tun haben, und die Legende über die liebenswerte Göttin Venus zu kennen, der sie ihren Namen verdanken, aber es scheint mir auch nicht verachtenswert, mich über das Durcheinander im Körper zu informieren, das solche Krankheiten anrichten, sowie über die Zusammensetzung der Substanzen, die sie heilen können. Ich bezweifle, daß die geistig emanzipierende Kraft der Geisteswissenschaften den Naturwissenschaften überlegen ist, und natürlich wäre ich empört, wenn diese wegen ihres »praktischeren« oder »technischeren« Wesens geringer geschätzt würden.

Auch die Philosophie, mit der ich vertrauter bin, scheint mir ebenfalls nicht *per se* besondere Tugenden zu besitzen, um kritische oder gegenüber den Mächten dieser Welt besser gewappnete Persönlichkeiten heranzubilden. Wenn Schüler oder Lehrer meines Faches jede Reduzierung der Philosophiestunden in der Schule als Attentate der Regierung auf das freie Denken denunzieren, spüre ich ein gewisses Unbehagen, auch wenn ich mich vielleicht aus anderen Gründen ihrem Protest anschließe. Und das, weil ich gerade unter Philosophieprofessoren so viel Konformismus, Aberglauben und Niedertracht erlebt habe, daß – ginge es danach – das Fach an den Schulen und sogar den Universitäten eigentlich verboten werden müßte.

Das Problem der Geisteswissenschaften beruht meiner Meinung nach nicht in erster Linie auf den Bezeichnungen der Fächer, die unterrichtet werden, auch nicht auf ihrem mehr oder weniger wissenschaftlichen Charakter – alle sind nützlich, viele zweckmäßig, und es gibt auch unerläßliche, vor allem nach Ansicht der Lehrer, deren berufliche Zukunft von ihnen abhängt. Jedes Jahr entstehen neue Disziplinen. Das akademische Angebot wächst und diversifiziert sich zumindest nach den Plänen der Kultusministerien bis zur Überfrachtung. Musik, Malerei, Bildhauerei, Film, Theater, Informatik, Verkehrssicherheit, Erste-Hilfe-Kurse, Grundzüge der Volkswirtschaftslehre, körperlicher Ausdruck, Tanz, Journalistik usw., usw.: all dies und mehr muß angeboten werden. In der heutigen Welt Mann oder Frau zu sein ist wahrhaft keine einfache Angelegenheit mehr! Man kann durchaus zugunsten all dieser Unterrichtsfächer und vieler anderer argumentieren, die die Ausbildung der Schüler hervorragend vervollständigen können.

Ein so großes Bildungsangebot stößt nur auf zwei – jedoch fundamentale – Hindernisse: einerseits auf die Grenzen der Aufnahmefähigkeit der Schüler und die Anzahl möglicher Unterrichtsstunden, die sie täglich ohne ernsthafte geistige Schäden ertragen können, andererseits auf die Verfügbarkeit geeigneter Lehrer, von denen die Mehrheit zu einer Zeit ausgebildet wurde, als die Fächer nicht einmal existierten, die sie Jahre später unterrichten sollen. Folglich reduziert sich in der Praxis das Fächerangebot erheblich, weil es weder genug Zeit gibt, sie alle zu unterrichten, noch das Personal, das ihren Unterricht mit wirklicher Kompetenz übernehmen könnte (ein Problem, das man dann, wenn es auftaucht, gewöhnlich dadurch löst, daß man sein ganzes Leben von dem redet, was man weiß, egal welches neue Etikett das eigene Fach erhalten hat).

Und dennoch, wiederhole ich, besteht das eigentliche Grundproblem nicht darin, wie man die Unterrichtsstunden verteilt oder wie viele auf die Naturwissenschaften, die Geisteswissenschaften, auf Sport oder die großen Pausen entfallen sollen. François de Closets hat dies in seinem im vorigen Kapitel bereits erwähnten Buch scharfsinnig erfaßt: »Es hat letzten Endes geringe Bedeutung, was man unterrichtet, solange man damit die Neugier und die Lust zu lernen weckt. Wie kann man den Lobbyisten der Fächer diese Logik beibringen? Wie kann man ihnen verständlich machen, daß das Ziel, das man im Auge hat, allgemein ist und nicht speziell, daß das Wichtige nicht ist, was man lernt, sondern wie man es lernt, weil es eben nichts nützt, abstrakt zu beweisen, daß diese oder jene Wissenschaft bildet, wenn man nicht darüber hinaus beweist, daß die Art ihres Unterrichts diese intellektuelle Entwicklung sicherstellt, was sowohl von der Form der Vermittlung als auch ihrem Inhalt abhängt? Und trotzdem begründet man den Wert von Disziplinen mit Begriffen wie Stunden, Koeffizienten und Planstellen.« Hierin liegt das Geheimnis: Der geistige Wert und Bildungscharakter der Fächer, die man unterrichtet, beruht nicht unabhängig von Zeit und Raum auf ihrem Inhalt, sondern auf der konkreten Art ihrer Vermittlung – hier und jetzt.

Es geht also nicht um das *Was*, sondern das *Wie*. Wenn aus Latein oder Griechisch öde Hieroglyphen werden, um Faulenzer »dranzukriegen«, wenn diese weisen Sprachen von scheußlichen Paukern unterrichtet werden, die davon überzeugt sind, daß Euripides nur deshalb schrieb, um Beispiele für die Zeitform des Aorists zu geben, wenn die glanzvollen Spuren antiker Poesie und des antiken Dramas als müßige Ablenkungen von der ernsthaften Beschäftigung mit der Grammatik angesehen werden, dann haben solche Studien mit »Geistes-« oder »Humanwissenschaft« nicht mehr zu tun als die Reparatur von Autos, die immerhin einen gewissen Nutzwert hat. Goethe, der keineswegs in dem Verdacht steht, etwas gegen klassische Bildung gehabt zu haben, bekennt, daß die Paukmethode seines Griechischunterrichtes dieses Fach zu dem sterilsten und verhaßtesten seiner Ausbildung machte. Das gleiche gilt für die Mathematik – vielleicht die Grunddisziplin, die in den letzten Jahren die meisten katastrophalen »Experimente« in der Lehrmethodik über sich ergehen lassen mußte: Während sie, durch finstere Mathelehrer vermittelt, für viele Schüler oft abschreckend trocken ist, gewinnen ihr Autoren wie Lewis Carroll oder Martin Gardner erheiternde Seiten ab und regen die Einbildungskraft der Kinder an.

Und was soll man über die Philosophie sagen, deren Lehrplan für das Abitur mancherorts Namenslisten enthält, die zu gegnerischen Mannschaften zusammengefaßt sind (Stoiker contra Epikuräer, Idealisten contra Materialisten usw.), eine Art Telefonbuch großer Philosophen, nur daß es keine Nummern gibt, bei denen Jugendliche anrufen könnten, um sich vor dem Überdruß und der Verwirrung zu retten? Ganz zu schweigen von der akademischen Lust, in einem möglichst dunklen und künstlichen Jargon zu reden, der vielleicht für Eingeweihte geeignet ist, aber natürlich nicht für Anfänger. Ein besonders sympathisches Einführungsbuch, das mir einmal in die Hand fiel, brachte bereits beim zweiten Thema seitenweise algebraische Formeln, deren einziger Zweck darin zu bestehen schien, die Unentschlossenen zu entmutigen. Bloß keine »demagogischen« Konzessionen an die jugendliche Neugier, deren Fragen meist spontan metaphysisch sind! Besser, man schreckt sie gleich ab, wenn sie nicht dazu bereit sind, sich der asketischen Beschäftigung mit dem Rätselhaften oder Schwierigen zu unterwerfen.

Bei so einem Unsinn kommt einem die glänzende Lektion Montaignes in den Sinn, die sich gerade in dem Essay über die Unterweisung der Kinder findet: »Man hat sehr Unrecht, sie [die Philosophie] den Kindern als unnahbar und mit stirnrunzelndem, sauertöpfischem und abschreckendem Antlitz vorzustellen. Wer hat sie mir unter dieser fahlen und häßlichen Maske vermummt? Nichts ist heiterer, munterer, fröhlicher, und fast möchte ich sagen, ausgelassener. Sie predigt nichts als Frohsinn und Wohlbehagen. Ein grämliches und finsteres Gesicht ist ein Zeichen, daß sie nicht da haust.« Wer versucht, die traurige Maske abzureißen und Kinder zur Philosophie zu verführen, statt sie einzuschüchtern, wird von den Kollegen als hoffnungslos aufgegeben, auch wenn die breite öffentliche Aufnahme solch bescheidener Bemühungen wie *Sofies Welt* von Jostein Gaarder oder meinem Büchlein *Tu, was Du willst* zumindest beweist, daß es Wege gibt, philosophische Themen einführend zur Sprache zu bringen, die bei jungen Lesern Komplizenschaft und keinen Widerwillen hervorrufen – das einzige Mittel, sie anzuregen, das begonnene Studium später eigenständig fortzusetzen. Die hochgebildeten Schulmeister halten das für trivial, was man einfach ausdrückt. Jenen Fachkollegen, die sich allein der teutonischen Tiefgründigkeit oder der dekonstruktivistischen Literaturkritik verschrieben haben, sei daher der Unterschied zwischen dem einen und dem anderen noch einmal ins Stammbuch geschrieben: Trivialität ist das, was ein Dummkopf im Gedächtnis behält, wenn er etwas einfach Ausgedrücktes hört.

Warum werden Unterrichtsfächer, egal welche, zu oft auf eine – gelinde gesagt – ineffiziente Weise unterrichtet, die Kinder überlastet, statt sie zu bilden, und die vom Wissen abschreckt, statt zu ihm hinzuführen? Lassen wir einmal die mögliche Inkompetenz mancher Lehrer oder die gelegentliche Dickköpfigkeit von Schülern ebenso beiseite wie die vielbeklagten schlechten gesellschaftlichen Einflüsse: die hypnotische Verführung des Fernsehens, das vom Lesen fernhält, das Drängen auf kurzfristig nützliche Ergebnisse, das den Kindern in der Schule die notwendige Ruhe raubt, das Abitur und ähnliche staatliche Prüfungen, die fatalerweise gerade dadurch gekennzeichnet sind, daß sie jedes Lernen wie der Mahlstrom bei Edgar Allan Poe verschlingen, usw.

Ohne die oben genannten Gründe auszuschließen, glaube ich, daß die Hauptursache für die Ineffizienz des Lehrens in der pädagogischen *Pedanterie* besteht. Es handelt sich dabei nicht um die psychologische Verwirrung einiger, sondern um die Berufskrankheit der Mehrheit. Schließlich ist »Pedant« ein Lehnwort aus dem Italienischen, das seinerseits von einem griechischen Verb mit der Bedeutung »unterrichten, erziehen« stammt und somit ursprünglich ohne jede abwertende Konnotation eigentlich »Lehrer« bedeutete, so wie es Sebastián de Covarrubias in seinem *Tesoro de la lengua* von 1674 definiert oder Montaigne in dem Essay *Über die Schulmeisterei* benutzt. Folglich ist die Pedanterie ein Laster, das der Berufung zu unterrichten entspringt, sie wie eine ständige Versuchung oder ein böses Echo begleitet und in schweren Fällen vollständig unfruchtbar machen kann.

Ich werde versuchen, die Merkmale der Pedanterie zu skizzieren, wobei ich vielleicht gelegentlich in sie verfalle (wir Lehrer sind alle zumindest ab und zu Pedanten, so wie jeder Nachtwächter gelegentlich einschläft oder jeder Zollbeamte manchmal grundloses Mißtrauen mit Diensteifer verwechselt). Die Pedanterie stellt das eigene Wissen über die Notwendigkeit, es zu vermitteln, sie zieht die Einschüchterung der weisen, geduldigen und schrittweise vorgehenden Bescheidenheit bei der Wissensvermittlung vor, sie konzentriert sich übergenau auf die akademischen Formalitäten – die bestenfalls nützliche Routinen für den sind, der bereits Bescheid weiß –, während sie keinen Wert darin sieht, Kinder mit freundlichem Wohlwollen zu ihrem manchmal unsystematischen Herumprobieren anzuregen. Die Pedanterie verwechselt ehrerbietigen Gehorsam mit der Aufgabe, zu bilden, zu informieren und zum Lernen zu animieren. Der Pedant öffnet fast niemandem die Augen, aber er macht einige zu Blinden. Dies alles natürlich in guter Absicht und schöner Selbstzufriedenheit.

François de Closets nennt einen der möglichen Ursprünge der Pedanterie und weist auch auf den häufigsten pädagogischen Fehler hin, den sie verursacht. Ein verbreiteter Ursprung der Pedanterie ist, daß viele Lehrer in dem Fach, das sie unterrichten, *zu* gute Schüler waren. Daher verstehen sie nicht, daß es Schüler gibt, die nicht spontan ihre Vorliebe teilen, die ihnen eine selbstverständliche intellektuelle Pflicht zu sein scheint. Sie meinen, daß die ganze Welt ihrem Fach den gleichen Vorrang einräumen müßte, den sie selbst ihm geben, und wer das nicht tut, ist so etwas wie ein persönlicher Gegner. Der Lehrer, der ein Fach unterrichten will, muß aber zuerst den Wunsch wecken, es zu lernen. Da Pedanten diesen Wunsch fraglos voraussetzen, können sie nur denen etwas beibringen, die dieses Interesse, das nie so verbreitet ist, wie sie gewöhnlich glauben, von vornherein haben.

Man muß die Neugier der Schüler mit einem verlockenden Köder wecken und dabei vielleicht Anekdoten oder triviale

Geschichten zu Hilfe nehmen. Man muß sich in diejenigen hineinversetzen können, die sich für alles begeistern, außer für das Fach, dessen Studium sie beginnen. Und das führt uns zum methodologischen Irrtum der Pedanterie, der darin besteht, die Einführung in eine Disziplin anhand ihrer theoretischen Grundlagen zu beginnen, anstatt zuerst die drängenden Fragen und Versuche zu skizzieren, aus denen die Disziplin entstanden ist. Jede Wissenschaft hat ihre eigene erkenntnistheoretische Logik, die den Fortschritt der Forschung auf diesem Gebiet fördert, aber diese Logik stimmt fast nie mit der pädagogischen Logik überein und unterscheidet sich in vielen Fällen radikal von ihr. Letzterer aber muß man folgen, um Schüler in diese Disziplin einzuführen. Man kann nicht mit dem Forschungsstand beginnen, den die Spezialisten eines Fachgebietes erreicht haben, ohne auf die Ereignisse und praktischen Notwendigkeiten hinzuweisen, die nach und nach zu den gegenwärtigen theoretischen Überlegungen geführt haben.

Manchmal ist es pädagogisch sinnvoller, in einem Fach von Theorien auszugehen, die zwar bei führenden Vertretern der Disziplin als (teilweise) überholt gelten, aber für Anfänger verständlicher oder stimulierender sind. Die Hauptsache ist, den Erkenntnisdrang des Schülers zu wecken, nicht, ihn zu überlasten oder zu beeindrucken. Wenn seine Berufung ihn dahin zieht, wird er noch Zeit haben, diesen Stoff zu vertiefen, die jüngsten Entdeckungen kennenzulernen und sogar selbst etwas zu entdecken. Von Anfang an verbissen auf die korrekte Fachterminologie zu achten (die vielleicht für den Spezialisten von vitaler Bedeutung ist, aber sehr wenig mit der Vitalität des Nichtfachmanns zu tun hat) wird nicht nur den Zweck verfehlen, die Schüler von der Bedeutung des Faches zu überzeugen, das man ihnen nahebringen will, sondern sie sogar davon abschrecken und ihnen im Gegenteil klarmachen, daß es nichts mit ihren Interessen oder ihrem Vergnügen zu tun hat. Der Pedant wendet sich an seine Schüler, als ob er auf einem Kongreß seiner angesehensten und anspruchvollsten Kollegen, die sich alle jahrelang mit seiner vielgeliebten Disziplin beschäftigt haben, einen Vortrag hielte. Da aber die meisten Jugendlichen nicht die gebührende Begeisterung und das erforderliche Verständnis zeigen, verzweifelt er und verflucht sie. Ich kenne Gymnasiallehrer, die über die Unwissenheit ihrer Schüler empört sind, so als ob es nicht gerade *ihre* Pflicht wäre, sie aus ihrer Ignoranz zu befreien. Im Grunde genommen ist das Problem des Pedanten, daß er keine Anfänger unterrichten, sondern von Koryphäen bewundert werden will und sich selbst beweisen möchte, daß er der Größte ist. Die Demut des Lehrers besteht dagegen in dem Verzicht, seinen Wissensvorsprung unter Beweis zu stellen, und in dem Bemühen, anderen zu diesem Vorsprung zu verhelfen. Es ist seine Pflicht, in anderen die Lust auf Entdeckungen zu wecken, nicht, sich über seine eigenen aufzuplustern.

Aber kann ein kleines Kind Entdeckungen machen? Natürlich! Je weniger man weiß, desto mehr kann man entdecken, wenn jemand es einem mit Geschick und Geduld beibringt. Es werden wahrscheinlich keine Entdeckungen im wissenschaftlichen Sinn sein, wohl aber für denjenigen, der gerade erst anfängt, sich mit dem Fach vertraut zu machen. Aber gerade diese persönlichen Entdeckungen von Dingen, die »die ganze Welt schon kennt«, wie die schlechten Lehrer sarkastisch meinen, reizen die Jugendlichen dazu, sie zu suchen, zu erforschen und weiter zu studieren. Gymnasiallehrer sollten nie vergessen, daß sie jungen Menschen, die sich größtenteils beruflich nicht mehr für die Themen ihrer Disziplin interessieren werden, in jedem Fach eine allgemeine Übersicht geben und eine Arbeitsmethode zeigen müssen. Sie dürfen sich nicht nur darauf beschränken, über die Tatsachen und die wesentlichen Theorien zu informieren, sondern sie müssen auch versuchen, die methodischen Wege aufzuzeigen, auf denen man zu ihnen gelangt ist und die auf fruchtbare Weise fortgesetzt werden können. Über das bereits Erreichte zu informieren und zu lehren, wie man mehr erreichen kann: beide Aufgaben sind unerläßlich, weil es keine Kreativität ohne grundlegendes Wissen über das Vorausgegangene geben kann – jedes Wissen ist Vermittlung einer Geistestradition – und weil es dem, der keine Anleitung für persönliche Nachforschungen hat, nichts nützt, Formeln oder Namen auswendig zu lernen.

In legitimer Ablehnung eines überholten Unterrichtsstils, der aus Litaneien auswendig gelernten Stoffs besteht, neigt die heutige Pädagogik übermäßig dazu, die Bedeutung der Gedächtnisschulung herunterzuspielen, wenn nicht gar als obsoletes Überbleibsel pädagogisch dunkler Epochen zu verteufeln. Dennoch gibt es keine Intelligenz ohne Gedächtnis, und man kann erstere nicht entwickeln, ohne das zweite zu trainieren und zu nähren. Gedächtnisübungen helfen, besser zu verstehen, auch wenn sie fehlendes Verständnis nicht ersetzen können. Juan Delval hat dies treffend formuliert: »Das Gedächtnis ist ein sehr aktives System zur Aufarbeitung von Erfahrungen, vorausgesetzt, das Erinnerte besitzt irgendeine Bedeutung. Erinnerung und Verständnis sind untrennbar.«

Vor allem aber muß der Lehrer die intellektuelle Leidenschaft fördern, weil sie das Gegenteil der geisttötenden Apathie ist, die sich in die Routine flüchtet und der Kultur am meisten entgegengesetzt ist. Und diese Leidenschaft keimt von unten, sie fällt nicht vom Olymp derjenigen, die schon alles zu wissen glauben. Daher darf man nicht eine einfache Sprache, populäre Bezüge und Humor verachten, ohne den die Intelligenz nicht mehr als ein Eintopf aus höherem Schwachsinn wäre. Für die Geisteswissenschaften ist dies besonders wichtig (oder vielleicht scheint es mir nur so, weil ich mit den Naturwissenschaften nicht im gleichen Maße vertraut bin). Man kann nicht ohne Zwischenstufen vom Nichts zum Erhabenen gelangen; man darf nicht verlangen, daß jemand, der nie gelesen hat, mit Shakespeare beginnt, daß Habermas als Einführung in die Philosophie taugt und daß jemand, der nie ein Museum betreten hat, sich als erstes für Mondrian oder Francis Bacon begeistert.

Bevor man lernt, die größten geistigen Errungenschaften zu genießen, muß man zunächst einmal lernen, überhaupt intellektuell genießen zu können. Das hat George Steiner sehr schön in einem in der *Paris Review* veröffentlichten Interview mit Ronald Allan Sharp erzählt: »Mein Gott, dieses Beharren darauf, immer recht haben zu wollen! Dieses Bestreben unserer Akademiker, immer auf Nummer Sicher zu gehen! Seit vierzig Jahren frage ich meine Studenten, was sie lesen, welche lebenden Autoren ihnen so gefallen, daß sie auch deren weniger bedeutende Werke lesen. Wenn sie keinen einzigen Lieblingsautor haben, weiß ich, daß sie in meinem Beruf nicht weit kommen werden. Und wenn mir jemand erzählt, er lebe leidenschaftlich in den Werken von Zane Grey, wenn er sie sammelt und studiert, dann sage ich mir: Ausgezeichnet! Da ist eine Seele, die sich sicher retten wird.« Wenn das für die Studenten gilt, die Steiner unterrichtet, dann nicht weniger für Gymnasialschüler.

Nein, die Krise der Geistes- oder Humanwissenschaften hat nichts damit zu tun, wie viele Stunden Latein oder Philosophie man unterrichtet, auch nicht damit, ob man mehr Naturwissenschaften als Geisteswissenschaften studiert oder umgekehrt (was in gewissem Sinn noch schlechter sein kann). Intellektuelle Einseitigkeit ist nie vorteilhaft und natürlich auch nicht »humanistisch«: Es ist zwar bedauerlich und pittoresk, daß Charles Darwin die Werke Shakespeares für gähnend langweilig hielt, aber jene Dichter, die nicht zwei und zwei addieren können und glauben, die Relativitätstheorie Einsteins stelle fest, daß alles relativ sei, sind auch keine Vorbilder. Wenig hilfreich sind auch jene, die voreilig und schädlich sofort bereit sind – wenn sie Geisteswissenschaftler sind –, die menschliche Freiheit von der Unschärferelation Heisenbergs abzuleiten oder – wenn sie Naturwissenschaftler sind – zu verkünden, daß sie, sosehr sie auch den Himmel mit ihren Teleskopen absuchen, Gott nicht sehen könnten.

Unserem Ideal näher kommen da schon jene Wissenschaftler und Philosophen vom Ende des 16. und dem Beginn des 17. Jahrhunderts, von denen José Manuel Sánchez Ron in seinem *Diccionario de la ciencia* redet. Einer der angesehensten dieser *virtuosi*, Robert Boyle (dessen Name uns in der Schule zusammen mit dem von Edmé Mariotte eingetrichtert wird, um ein physikalisches Gesetz zu lernen), zählt diese vier Vorzüge seiner kultivierten Bruderschaft auf: »1.) daß sich der *virtuoso* nicht von gängigen Meinungen und Einschätzungen mitreißen läßt; 2.) daß er geistige Vergnügen und Beschäftigungen zu schätzen weiß; 3.) daß er immer angenehme und nützliche Beschäftigungen findet und so den Gefahren des Müßiggangs entgeht; 4.) daß er weiß, was Würde ist, und auch einen Verrückten anerkennt.« – Kein schlechtes Programm, auch wenn wir zahlreiche weitere Punkte hinzufügen könnten, die viele Gelehrte über die Jahrhunderte ersonnen haben, welche nicht Naturwissenschaften und Geisteswissenschaften oder die Künste und die Ökonomie einander entgegensetzten, einfach weil eine solche Dichotomie das am wenigsten Humanistische ist, was man sich vorstellen kann. Nur Halbgebildete richten die Augen ehrfürchtig gen Himmel, wo von »Philosophie« oder »Literatur« die Rede ist, und schnauben verächtlich, wenn es sich statt dessen um Mathematik oder Physik handelt.

Gleich nach solchen Alarmisten, die diese antiquierten halbseitigen Lähmungen im Bildungsbereich unbedingt aufrechterhalten wollen (im allgemeinen wohl mehr aus persönlichem als aus kulturellem Interesse), kommen jene Warner, die aufgrund der Computer, Videos, des Internets und anderer Erfindungen des Teufels unsere Entmenschlichung für unvermeidlich halten. Wenn man bedenkt, was so alles als »sehr menschliches« Verhalten entschuldigt wird, ist man fast versucht, etwas »Entmenschlichung« für angebracht zu halten. Sicher ist jedoch, daß keine dieser technischen Errungenschaften etwas besitzt, wodurch in irgendeiner Weise unsere Menschlichkeit oder unsere humanistischen Werte beeinträchtigt würden. Sie sind Werkzeuge, keine Dämonen; sie entstehen aus dem Drang, unsere Kenntnis des Fernen und der Vielfalt zu verbessern, nicht aus der Absicht, den Nächsten zu bewachen, zu foltern oder zu vernichten. Wenn man sie schließlich doch für solche Untaten gebraucht, ist irgend jemand schuld daran, aber sicher nicht die Geräte selbst.

Im 19. Jahrhundert diagnostizierten seriöse Ärzte, daß Eisenbahnreisende auf jeden Fall unter irreversiblen psychischen Störungen leiden müßten, wenn sie bei der wahnsinnigen Geschwindigkeit von zwanzig Kilometern pro Stunde Kühe und Bäume vorbeiziehen sähen. Nicht weniger düstere Prophezeiungen hatte es zuvor hinsichtlich des Buchdrucks gegeben, ganz zu schweigen von den schaudererregenden Besorgnissen in Zusammenhang mit der Verbreitung des Telefons. Es ist eine allgemeine Regel, daß solche neuen technischen Erfindungen nicht nur niemanden entmenschlichen, sondern sofort in den Dienst des Menschlichsten, des Allzumenschlichen gestellt werden: Die bereits offene Begeisterung für Pornographie und Tratsch im Internet sollte in dieser Hinsicht die Mißtrauischen beruhigen. In gleicher Weise diente die Erfindung, die Gutenberg in den Dienst der Bibel und anderer frommer Werke stellen wollte, damals sofort dazu, *Gargantua* von Rabelais zum Bestseller zu machen, usw. Natürlich ist das apokalyptische Urteil, der Geist ginge durch die Computer unter, so falsch wie die Naivität derjenigen, die glauben, die Intelligenz dieser Geräte würde ihnen die geistige Beweglichkeit verleihen, die ihnen fehlt.

Gibt es also gar keinen Anlaß, sich über den Niedergang der Geisteswissenschaften und vor allem des humanistischen Bildungsideals Sorgen zu machen, das auf die Formung der ganzen Persönlichkeit und nicht nur ihre begrenzte Vorbereitung auf die Bedürfnisse des Arbeitsmarktes zielt? Zweifellos gibt es Gründe zur Sorge, auch wenn sie wenig mit Streitigkeiten um Fächer und noch weniger mit der abergläubischen Furcht vor den am höchsten entwickelten technischen Geräten zu tun haben. Sie sind vielleicht sogar noch gravierender, aber ihr Wesen scheint mir anderer Art zu sein. Auf einen von ihnen habe ich bereits hingewiesen, als ich sagte, die Form des Unterrichts sei von viel größerer Bedeutung als der Inhalt der Fächer, weil die Pedanterie die Pädagogik unterminieren kann. Aber bevor wir weitergehen, ist es vielleicht angebracht, sich zu fragen, woher die Bezeichnung »humanistische Bildung« kommt, die auch heute noch einen bestimmten Fächerkanon umfaßt. Der Begriff geht auf den sogenannten »Humanismus« der Renaissance zurück und stellt nicht etwa bestimmte sehr »humane« Disziplinen anderen gegenüber, die aufgrund ihrer technisch-wissenschaftlichen Ausrichtung als »inhuman« oder »entmenschlichend« verstanden werden (solche streng wissenschaftlich-technischen Disziplinen existierten zu jener Zeit noch nicht), sondern will diese Studien vom Theologiestudium oder den Kommentaren der Schriften abgrenzen. Die Humanisten widmeten sich humanistischen Wissenschaften, das heißt, sie konzentrierten sich auf Texte, deren Ursprung erklärtermaßen menschlich (und sogar heidnisch) und nicht mutmaßlich göttlich war. Und da diese Werke in klassischem Griechisch oder Latein geschrieben waren, gewannen diese Sprachen für die Human- oder Geisteswissenschaften paradigmatischen Charakter. Dies nicht nur wegen ihrer literarischen Eleganz oder ihrer philologischen Tugenden, um die von ihnen abgeleiteten Sprachen zu analysieren, sondern auch aufgrund des Wissens und der Kenntnisse, die sich durch das Studium dieser Sprachen erschlossen und nicht durch die geoffenbarten Wahrheiten des christlichen Glaubens.

In diesem Sinne gehörten *Die Elemente der Geometrie* von Euklid genauso wie *Das Gastmahl* von Platon zu den Geisteswissenschaften. Natürlich stand zum Beispiel für Erasmus (und in geringerem Maße für den spanischen Humanisten Juan Luis Vives) die durch das Studium der klassischen Sprachen erworbene Fähigkeit des mündlichen und schriftlichen Ausdrucks an erster Stelle, der flüssig, kultiviert und ideen- und wortreich sein sollte: *orationis facultatem parare* (»die Fähigkeit der Rede erwerben«). Für Rabelais dagegen hatte die Fülle des klassischen Wissens Vorrang, während Montaigne – mit seiner gewöhnlichen Mischung aus Skepsis und Sinn für das Praktische – bemerkt: »Ohne Zweifel, Griechisch und Latein sind schöne und großartige Sprachgebilde, aber man kauft sie zu teuer.« Und er bekennt, »ich möchte erstlich meine Muttersprache gut kennen und die meiner Nachbarn, mit denen ich am meisten Umgang habe«.

Das von Erasmus verfochtene Bildungsmodell paßt nur für eine reich gewordene Elite, die auch ihre Manieren und Sitten verfeinern will, aber es könnte nur mit Schwierigkeit auf die Masse der Bevölkerung übertragen werden. Émile Durkheim, der die klassische Bildung in seiner *Entwicklung der Pädagogik* mit wenig Sympathie bedenkt, mahnt: »Die Mehrheit muß vor allem leben, und um zu leben, braucht man nicht reden zu können, sondern richtig zu denken, um richtig handeln zu können. Um wirkungsvoll gegen die Dinge und gegen die Menschen zu kämpfen, braucht man handfeste Waffen und nicht jene brillanten Verzierungen, mit denen die humanistischen Pädagogen ständig beschäftigt sind, den Geist zu schmücken.«

Natürlich hat sich das humanistische Studium seit seinen Anfängen bis zur bereits erwähnten heutigen Krise in den Universitäten und in der Gesellschaft stark gewandelt. Es scheint mir aber wichtig, daran zu erinnern, daß es aus einer weltlichen und profanen (d. h. nicht religiösen) Haltung entstand, die das geistige Vermächtnis der bedeutendsten Menschen der Antike wiederentdeckte und verehrte, anstatt allein auf die Weisheit und Wahrheit göttlicher Offenbarung zu vertrauen, die durch die kirchliche Autorität vermittelt wurde.

Sicher glaubten auch die alten Griechen und Römer an Götter, aber an solche, die nicht vorgaben, schreiben zu können. Die Schrift war allein Sache der Menschen, weshalb sogar ihre theologischsten Texte immer ausgesprochen menschlich waren – und daher kritisierbar, widerlegbar und vor allem eine Quelle entschieden menschlicher Reflexionen. Der Analphabetismus der griechischen und römischen Götter erwies sich als ausgezeichneter Nährboden für die Humanwissenschaften, mit denen sich die lähmende Last der vielen dogmatischen Schriften mit himmlischem *Copyright* abschütteln ließ. Wenn die alten Götter aber weder schrieben noch irgendeine verbindliche Orthodoxie verkündeten, woher bezogen dann die Philosophen und Weisen vergangener Zeiten ihre intellektuelle Autorität? Doch zweifellos von dem auf Vernunft gründenden *Respekt*, den sie ihren Schülern und Nachgeborenen einflößten. Dieser Respekt vor der Vernunft diesseits des Glaubens (und manchmal heimlich gegen ihn) stellt den wahren Ausgangspunkt der humanistischen Wissenschaften und des Humanismus dar.

Macht es Sinn, eine vor so langer Zeit vom Rationalismus begonnene und gewonnene Schlacht wiederaufleben zu lassen? Ich meine, ja, weil heute nicht nur der Aber- und Wunderglaube (natürlich nicht immer religiöser Prägung) weit verbreitet ist, sondern auch die Geringschätzung der Vernunft, die zu einer einfachen Option unter anderen ohne Recht auf eine besondere Rolle in der Erziehung geworden ist und sofort des Dogmatismus verdächtigt wird, wenn sie diese einfordert. Für die Geisteswissenschaften bedeutet dies in der Tat eine Zerreißprobe, weil es sie nicht gibt ohne den auf Vernunft gründenden Respekt, ohne Präferenz für die Vernunft, ohne rational fundierte Kontroverse um das, was respektiert und vorgezogen werden soll. Häufig wird diesem Rationalismus ein blinder Glaube an die Allmacht der Vernunft vorgeworfen, so als ob eine solche Leichtgläubigkeit mit dem kritischen Gebrauch dieser Fähigkeit vereinbar wäre oder widerlegt werden könnte, ohne auf ihn zurückzugreifen.

Die Vernunft wird nur von denen unkritisch verherrlicht, die sie wenig gebrauchen, nicht von denen, die sich ihrer ständig bedienen und ihr das Äußerste abverlangen. Nicht weniger verbreitet ist die Ablehnung des rationalen Diskurses unter dem Vorwurf des Ethnozentrismus, indem man ihn abwertend als »westliches« Phänomen bezeichnet, als ob das empirische Wissen und die theoretischen Reflexionen in anderen Weltregionen – nicht der Aberglaube, der auch im Westen sehr verbreitet ist – nicht rationalen Parametern entsprächen. Alle menschlichen Gesellschaften sind grundsätzlich rational: Wie Ernst H. Gombrich bemerkte, gibt es Völker, denen die Perspektive in der Malerei unbekannt ist, aber nirgendwo stellt sich jemand, der sich vor einem Feind verstecken will, vor einen Baum statt dahinter. Menschen aus ehemals westlich dominierten Regionen verhalten sich alles andere als irrational, wenn sie gerade die rationale Argumentation geschickt einsetzen, um die imperialistischen oder ausbeuterischen Absichten der sogenannten westlichen Länder zu brandmarken.

Wo sie aber zu ihren Gunsten nur den ethnozentrischen Rationalismus ihrer Gegner anführen, geschieht dies aus dem Versuch, Privilegien oder Tyranneien aufrechtzuerhalten und gegenüber jenen zu rechtfertigen, die rational verstehen, daß diesen kein auf Vernunft gründender Respekt gebühren kann. Es gibt eine Form des *intellektuellen Rassismus*, die zu loben glaubt, während sie tatsächlich diskriminiert. Sie ist bei denen zu finden, die behaupten, Afrikaner, Orientalen, Indios usw. würden die Vernunft nicht wie die sogenannten Westler einsetzen, da sie »natürlicher« seien, eine andere »Logik« hätten, mehr auf ihr »Herz« hörten und ähnliche Dummheiten, weshalb man sie nicht einer modernen Erziehung im westlichen Sinn unterwerfen dürfe. Der Trick besteht darin, Befreiung zur Unterdrückung umzuwerten, um weiter unterdrücken zu können, so wie man früher gegen ein Universitätsstudium für Frauen argumentierte, weil sie dadurch ihren »natürlichen« Charme verlören.

Hinter dem Vorwurf, die moderne Erziehung sei »zu« rationalistisch, steht häufig die Überzeugung, daß Intuition, Einbildungskraft oder Gefühle in ihr keinen Raum fänden. Aber spricht es nicht gerade für einen Mangel an Vernunft, die menschliche Komplexität so mißzuverstehen? Ist es nicht gerade die Vernunft, mit der wir die Bedeutung des Intuitiven begreifen, unsere Phantasie fruchtbar werden lassen und die Kraft unserer Gefühle kultivieren – eine Kraft, die dadurch für den einzelnen und die Gesellschaft an Wert gewinnen oder künstlerisch umgeformt und sublimiert werden kann? Die Vernunft kennt und akzeptiert ihre Grenzen, aber sie hält sich nicht für allmächtig; mit ihr unterscheiden wir, was wir zu Recht kennen können, von unseren Einbildungen und Träumen; sie ist das, was wir gemeinsam haben und uns daher gegenseitig vermitteln können; sie fordert keine Reinigung des Blutes, kein geeignetes Geschlecht, keinen gesellschaftlichen Adel, sondern die geduldige Aufmerksamkeit jedes Individuums.

Für die Vernunft sind wir alle ähnlich, weil sie selbst die große Ähnlichkeit zwischen den Menschen ist. Humanistische Bildung besteht vor allem in der Förderung der Vernunft und der Aufklärung über den Gebrauch dieser Fähigkeit – zu beobachten, zu abstrahieren, abzuleiten, zu argumentieren und logische Schlüsse zu ziehen. John Passmore zählt mit Bezug auf Jerome S. Bruner die Hauptwirkungen auf, die ein Unterricht dieser Art auf die Schüler haben sollte: »daß sie ihre eigenen Geisteskräfte respektieren und auf sie vertrauen; daß sich dieser Respekt und dieses Vertrauen zu der Fähigkeit erweitern, über die menschliche Natur, die problematische, konfliktgeladene Situation des Menschen und des gesellschaftlichen Lebens nachzudenken; daß der Unterricht eine Gesamtheit funktionaler Modelle liefert, um die Analyse der sozialen Welt, in der wir leben, und der Situation, in der sich der Mensch befindet, zu erleichtern; daß er ein Gefühl für den Respekt vor den Fähigkeiten und der Humanität des Menschen als Spezies erzeugt; daß er dem Schüler die Vorstellung vermittelt, daß die menschliche Evolution ein Prozeß ist, der noch nicht zu Ende ist.«

Klingen diese Erklärungen nicht abgedroschen, überholt und gar zu langweilig? Dann gibt es sie also doch, die Krise der Geisteswissenschaften und der humanistischen Bildung. Die – sagen wir – postmoderne Relativierung des Konzepts der *Wahrheit* ist ein klares Zeichen dafür. Es gibt keine Erziehung, wenn es keine Wahrheit zu vermitteln gibt, wenn alles mehr oder weniger wahr ist, wenn jeder seine eigene gleichermaßen respektable Wahrheit besitzt und man unter so vielen verschiedenen Wahrheiten keine rationale Wahl mehr treffen kann. Man kann nichts unterrichten, wenn nicht einmal der Lehrer an die Wahrheit und wirkliche Bedeutung dessen glaubt, was er unterrichtet. Das moderne Denken, mit Nietzsche an der Spitze, hat zu Recht unterstrichen, wie sehr die Wahrheiten, die wir akzeptieren, gesellschaftlich konstruiert, das heißt übergestülpt sind, und wie stark sie von konfligierenden gesellschaftlichen Interessen diktiert werden.

Die wissenschaftliche Methodologie und sogar der simple Verstand sagen uns, daß Wahrheiten nicht absolut sind, sondern uns sehr ähnlich zu sein scheinen – zerbrechlich, überprüfbar, dem Streit ausgesetzt und letzten Endes vergänglich. Aber deshalb hören sie nicht auf, Wahrheiten zu sein, das heißt solider, begründeter und nützlicher als andere Überzeugungen, die ihnen widersprechen. Sie sind auch ein würdigerer Gegenstand des Studiums, selbst wenn der Lehrer, der sie erklärt, nicht die Möglichkeit des kritischen Zweifels verheimlichen darf, der sie begleitet (jeder Lehrer erinnert sich an Wahrheiten, die ihm noch vermittelt wurden, die aber für seine Schüler keine mehr sind). Denn die Wahrheit fliegt zwischen den Zweifeln wie die Taube Kants in der Luft, die ihr Widerstand entgegensetzt, sie aber auch trägt. Da wir gerade vom Fliegen sprechen: Richard Dawkins führt die Luftfahrt als intuitiven Beweis dafür an, daß wir nicht alle Wahrheiten als einfache kulturelle Konventionen des Augenblicks betrachten: Wenn wir den Prinzipien der Luftfahrt nicht mehr Wahrhaftigkeit zugestehen würden, als wir üblicherweise den Reden der Politiker und den Predigten der Priester zubilligen, würde niemand jemals wieder ein Flugzeug besteigen.

Die rationale Suche nach der Wahrheit, besser gesagt, nach Wahrheiten, die immer bruchstückhaft, vorläufig und mit einem unterschiedlichen Maß an Gewißheit versehen sind, je nach dem Bereich, auf den man sie anwendet, stößt in der pädagogischen Praxis auf zwei nicht unerhebliche und miteinander verbundene Hindernisse: die Heiligung der *Meinungen* und die Unfähigkeit zur *Abstraktion.* Anstatt als ungenaue Vorschläge betrachtet zu werden, die wegen ungenügender Kenntnisse oder Zeitmangels nur begrenzten Wert haben, gelten Meinungen als unwiderlegbarer Ausdruck der Persönlichkeit: »Das ist *meine* Meinung«, »dies ist *Ihre* Meinung«, als ob das Relevante wäre, wem sie gehören, statt worauf sie sich stützen. Daß Meinungen wie Hintern seien, von denen schließlich jeder seinen eigenen habe, diese wenig elegante Spruchweisheit aus alten amerikanischen Filmen ist zutreffend, weil sich offensichtlich weder über Meinungen noch über Hintern streiten läßt und niemand die einen oder den anderen loswerden kann, auch wenn er es möchte.

Dazu kommt die heilige Pflicht, andere Meinungen zu »respektieren«, was jede intellektuelle oder gesellschaftliche Entwicklung der Menschheit paralysieren würde, wenn man sie konsequent erfüllen würde. Ganz zu schweigen vom »Recht auf die eigene Meinung«, bei dem nicht etwa das Recht gemeint ist, eigenständig zu denken und sich mit anderen Gedanken auseinanderzusetzen, sondern das Recht, die eigene Überzeugung beizubehalten, ohne daß sich jemand mit lästigen Einwänden einmischt. Dieser irrationale Subjektivismus erfaßt sehr rasch Kinder und Jugendliche, die sich daran gewöhnen anzunehmen, daß alle Meinungen – das heißt die des Lehrers, der weiß, wovon er redet, und die eigene, die auf

Unwissenheit beruht – gleich viel wert sind und daß es Zeichen einer autonomen Persönlichkeit ist, nicht nachzugeben, und ein Beispiel für Tyrannei, den anderen mit geeigneten Argumenten und Sachkenntnis von seinem Irrtum zu überzeugen. Die Tendenz, Meinungen in einen symbolischen Teil unseres Organismus zu verwandeln und jede Widerlegung als physische Aggression zu betrachten (»er hat meine Überzeugungen verletzt!«), baut nicht nur für die humanistische Bildung, sondern auch für das demokratische Zusammenleben Barrieren auf. Was eine pluralistische Gesellschaft fordert, ist der absolute Respekt vor den Personen, nicht ihren Meinungen; und das Recht auf die eigene Meinung besteht darin, sie zu Gehör zu bringen und zu diskutieren, nicht darin, ihr den unberührbaren Status heiliger Kühe zuzubilligen. Was der Lehrer bei seinen Schülern fördern muß, ist nicht die Neigung, unwiderruflich auf dem zu beharren, was sie einmal für richtig erachtet haben (die »Stimme ihrer Spontaneität«, ihr »eigener Ausdruck« usw.), sondern die Fähigkeit, nutzbringend an einer rationalen Auseinandersetzung teilzunehmen, auch wenn das einige ihrer persönlichen oder familiären Dogmen »verletzt«.

Und hier vermißt man nicht nur bei Schülern in gravierendem Ausmaß die Fähigkeit zur Abstraktion; sie fehlt vielmehr häufig zum Leidwesen der Professoren vornehmlich theoretischer Fächer auch vielen Studenten. Diese Schwäche besteht in einer fast unheilbaren Schwierigkeit, von Prämissen auszugehen, sich vom Unmittelbaren oder Anekdotischen zu lösen und nicht hinter jedem Argument den bösen Willen oder das kleinliche Interesse des Diskutierenden zu suchen, sondern die Schwäche des Arguments. Einige Autoren wie Giovanni Sartori geben die Schuld an diesem Mangel vor allem dem Fernsehen, da es nur Eindrücke vermittelt, statt wie die Schrift und das gesprochene Wort an das Nachdenken zu gewöhnen.

Zu lernen, wie man diskutiert, Argumente widerlegt und seine Gedanken begründet, ist unabdingbarer Teil jeder Bildung, die die Bezeichnung »humanistisch« beansprucht. Dafür genügt es nicht, sich klar und präzise ausdrücken zu können (auch wenn das wesentlich ist, sowohl schriftlich als auch mündlich) und sich um die gleiche Verständlichkeit zu bemühen, die man von den anderen verlangt, sondern man muß auch die Fähigkeit entwickeln, den Argumenten anderer *zuzuhören*. Es geht nicht darum, eine Gemeinschaft von Autisten zu schaffen, die eifrig bemüht sind, sich in ihre eigenen »respektablen« Meinungen zu verschließen, sondern die Fähigkeit zu fördern, fair an vernünftigen Gesprächen teilzunehmen und gemeinsam nach einer Wahrheit zu suchen, die keinen Herrn hat und nicht versucht, andere unter ihr Joch zu zwingen.

Selbstverständlich muß der Lehrer hier mit gutem Beispiel vorangehen: So sicher er sich in seinem Wissen ist, muß er doch dazu bereit sein, es zur Diskussion zu stellen und sogar mit Hilfe seiner Schüler während des Unterrichts zu modifizieren. Es muß eine seiner Hauptaufgaben sein, den kritischen Geist zu fördern, ohne gegenüber dem bloßen (für Heranwachsende so typischen und anregend spielerischen) Widerspruchsgeist sofort nachzugeben. Es ist auch ratsam, daß der Lehrer die Jugendlichen nicht in subversivem Eifer übertrifft und ihnen die Widerlegung von Dingen beibringt, deren positiven Aspekt er noch nicht dargelegt hat, indem er zum Beispiel in einer Einführung zur modernen Kunst mit der Habgier der Händler und dem Snobismus der Sammler beginnt oder philosophische Lehrgebäude anhand ihrer Irrtümer darstellt.

Es gibt Lehrer, die so nonkonformistisch sind, daß sie sich nicht damit begnügen, nur Lehrer zu sein, sondern auch die Rolle der jugendlichen Rebellen übernehmen wollen, anstatt wenigstens diese Initiative ihren Schülern zu überlassen. Insbesondere muß man bei denen, die lernen, die Fähigkeit fördern, *zu fragen* und sich selbst zu befragen – das heißt, jene innere Regsamkeit wecken, ohne die man nie wirklich etwas weiß, auch wenn man alles wiederholt. Eine der alarmierendsten Erfahrungen der gegenwärtigen Erziehung ist, daß sich Lehrer von Grundschülern durch deren tausend Fragen überfordert fühlen, während wir uns an der Universität darüber beklagen, daß die Studenten nie etwas fragen. Was ist in diesen Jahren zwischen Schule und Universität geschehen, daß ihnen die Lust am Fragen und Nachforschen vergangen ist? Man braucht nicht zu fürchten, daß ein kritischer Geist in den reinen, undisziplinierten Nihilismus führt, weil er, wenn er echt ist, eher vor ihm schützt. Dazu noch einmal die vernünftige Meinung John Passmores: »Gehen wir ruhig davon aus, daß jemand mit einer besonderen Gabe zur Kritik gewöhnlich eine zerstörerische Kraft hat. Aber diese Zerstörungskraft, so steht zumindest zu hoffen, richtet sich gegen das Geschwätz, die Anmaßung, die Heuchelei, den selbstgefälligen Konservativismus und den dünkelhaften Radikalismus. Ein Kind wird auch im späteren Leben immer von Personen umgeben sein, die es zu betrügen, sich ihm aufzuzwingen versuchen; es ist von Scharlatanen, Schwindlern aller Art, selbstbetrügerischen Propheten, Heuchlern und Gaunern umgeben: Wenn das Ergebnis einer Erziehung zur Kritik helfen kann, ihnen das Handwerk zu legen, bevor sie die menschliche Gesellschaft zerstören, um so besser.«

Es gibt noch einen weiteren Aspekt humanistischer Bildung, auf den hingewiesen werden sollte: ihren *narrativen, erzählenden Charakter*, in dem die Kenntnisse, die sie vermittelt, aufgehoben und zusammengefaßt sind. Wir Menschen sind keine Rechenaufgaben oder Gleichungen, sondern Geschichten; nicht Zahlen, sondern Erzählungen machen unser Leben aus. Es ist daher unerläßlich, daß der Unterricht jede Disziplin erzählerisch darstellt und mit ihrer Vergangenheit, mit den sozialen Veränderungen, die ihre Entwicklung begleitet haben, usw. verbindet. Die wahren Geisteswissenschaften sind jene, die den biographischen Herzschlag ihrer bedeutenden Vertreter lebendig halten und zeigen, wie sehr sie unseren Lebensnotwendigkeiten und unseren Träumen verpflichtet sind. Die Erinnerung an die Menschen vergangener Zeiten und die Dringlichkeiten des Lebens der Gegenwart verbinden die auseinanderdriftenden Themen, die in den Lehrplänen Aufnahme finden müssen, den *Curricula*. Curriculum bezeichnet genau dies: den Lauf des Lebens, die Herausforderung, der sich Menschen von früher und heute angesichts des Notwendigen und Unvermeidlichen gegenübersahen und -sehen.

Daher ist es wichtig, in der Grundausbildung nicht die historische Betrachtung zu vernachlässigen oder zurückzudrängen, auch wenn es viel schwieriger ist, die Geschichte – vor allem in ihren politischen und ideologischen Aspekten – zu verstehen, als nur Daten auswendig zu lernen. Vielleicht ist es sinnvoll, wie es gelegentlich vorgeschlagen wird, Schüler daran zu gewöhnen, die Geschichte ihrer Nationen und Gemeinschaften aus der Erzählperspektive von Menschen zu erfahren, die nicht zu ihnen gehören. Heute geschieht zumeist das Gegenteil: Geschichte wird allzu häufig als kollektive Hagiographie begriffen, als Schaffung von Mythen, mit denen wir uns abgrenzen und unterscheiden und damit unsere Zugehörigkeit zu anderen und zur Menschheit leugnen. Diesen Gebrauch der historischen Erzählung meinte Voltaire, als er vor jenen Scharlatanen warnte, die mit den Toten ihr Schindluder treiben. Aber darauf kommen wir im nächsten Kapitel zurück.

Die Sensibilität für Erzählungen ist in erster Linie eine Sensibilität für die Literatur: Grundsätzlich lernt man durch Lesen, auch wenn es andere wichtige Formen der Erzählung gibt, die die Erziehung nicht außer acht lassen darf, zum Beispiel die filmische. Aber Lesen ist immer eine an sich intellektuelle Tätigkeit und verbindet sich stärker mit gedanklichen Entwürfen als die Aufnahme von Bildern, die weniger geistige Aktivität erfordert: Nach dem Gesprochenen ist das Geschriebene das kräftigste Tonikum für die intellektuelle Entwicklung, das wir haben. Einer der größten Fehler einer bestimmten Art von Reformpädagogik – und an solchen Fehlern und Mißverständnissen herrscht wahrlich kein Mangel – besteht darin, das Lesenlernen zu verschieben, als wenn es zweitrangig wäre, ob man damit früher oder später beginnt. Ich kenne sogar den Fall eines Freundes, der seinem lernfreudigen kleinen Sohn selbst das Lesen beibrachte und dafür prompt von der Schule einen Rüffel erhielt, da er seinen Sohn auf diese Weise aus dem Rhythmus seiner Lerngruppe gebracht und damit nach Ansicht des Lehrers ich weiß nicht welches Trauma hervorgerufen habe. In einem Artikel, der vor kurzem in einer Tageszeitung erschien, äußerte ein Lehrer, man solle doch weniger Literatur lesen und mit den Kindern mehr praktische Arbeit machen – ein pseudoprogressiver, barbarischer Ansatz, der Schule zu machen droht.

Lesen und Schreiben zu fördern ist eine Aufgabe der humanistischen Bildung, die leichter zu loben als in die Praxis umzusetzen ist. Hier wie in anderen Fällen ist Übereifer leicht kontraproduktiv, und manchmal macht man die Lektüre langweilig, wenn man sie zur Pflicht macht, anstatt sie als Vergnügen zu vermitteln. Das hat Gianni Rodari sehr gut in seiner sympathischen *Grammatik der Phantasie* diagnostiziert: »Die entscheidende Begegnung zwischen Kind und Buch findet auf der Schulbank statt. Erfolgt sie in einer kreativen Situation, in welcher das Leben und nicht die Pflichtübung zählt, kann daraus jene Freude am Lesen entstehen, mit der man nicht geboren wird, weil sie kein Instinkt ist. Erfolgt die Begegnung in einer bürokratischen Situation, wo das Buch zu einem Instrument der Pflichtübung herabgewürdigt (abschreiben, Inhaltsangaben, grammatikalische Analysen usw.) und von dem herkömmlichen Mechanismus ›Abfragen – Zensieren‹ erstickt wird, kann sich daraus zwar die *Technik* des Lesens entwickeln, aber nicht die Freude. Die Kinder werden lesen können, aber sie lesen nur gezwungenermaßen. Außerhalb der Pflicht werden sie sich in die Comics flüchten – selbst wenn sie zu komplexerer und reicherer Lektüre imstande sind –, vielleicht lediglich deshalb, weil die Comics nicht von der Schule ›verseucht‹ sind.« Rodari macht in seinem Buch verschiedene phantasievolle Vorschläge, damit der Genuß der Lektüre und die Praxis der mündlichen oder schriftlichen Erzählung wesentliche Bestandteile eines offenen Unterrichts werden, der wenig oder gar nicht durch jene Pedanterie eingeschnürt ist, die bereits erwähnt wurde. Auch Daniel Pennac in *Wie ein Roman* und Salvador García Jiménez in seinem heiteren Buch *El hombre que se volvió loco leyendo ›El Quijote‹*

Humanität ohne humanistische Bildung?

(»Der Mann, der verrückt wurde, als er ›Don Quijote‹ las«) bieten passende Vorbeugungsmittel gegen eine Lektüre per Dekret und verschreiben sie statt dessen als heimliches, wildes Vergnügen – was natürlich die wahre Belohnung der Lektüre ist.

Was also sind nun eigentlich Geistes- oder Humanwissenschaften? Im Grunde genommen gibt es davon nur eine, und die Beschreibung dieses umfassenden Fachs überlassen wir besser dem Dichter als dem Pädagogen:

Lebe das Leben. Lebe es auf der Straße
und in der Stille deiner Bibliothek.
Lebe es mit den anderen, die die einzigen
Hinweise sind, die du hast, um dich kennenzulernen.
Lebe das Leben in diesen Armenvierteln,
die für Drogen und die Zwangsräumung gemacht sind,
und in den grauen Palästen der Reichen.
Lebe das Leben mit seinen unverständlichen
Freuden, mit seinen (fast immer übermäßigen)
Enttäuschungen, mit seinem Rausch.
Lebe es in unglücklichen Dämmerungen
oder glorreichen Morgen, durch verfallene Städte,
vergiftete Urwälder oder Paradiese reitend,
ohne zurückzuschauen.
Lebe das Leben.

Luis Alberto de Cuenca, *Por fuertes y fronteras*

Kapitel 6

Erziehung zum Universalismus

Bis hierher haben wir über Erziehung von einem möglichst breiten und allgemeinen Blickwinkel aus gesprochen. Aber selbst aus dieser vielleicht etwas zu abstrakten Perspektive wird erkennbar, daß sich hinter dem Etikett »Erziehung« historisch und geographisch sehr unterschiedliche Konzepte verbergen. Kinder wurden immer erzogen, bei den ersten Gruppen von Sammlern und Jägern ebenso wie bei den Griechen der Antike, den Azteken, den Gesellschaften des Mittelalters, der Aufklärung oder den heutigen hochtechnisierten Völkern. Und dieser Erziehungsprozeß war und ist nie eine reine Vermittlung objektiver Kenntnisse oder praktischer Fähigkeiten, sondern wird von einem Ideal des Lebens und einem Gesellschaftsmodell begleitet. Als man dem Dichter José Bergamín seine extrem subjektiven Urteile vorwarf, antwortete er: »Wäre ich ein Objekt, wäre ich objektiv; da ich aber ein Subjekt bin, bin ich subjektiv.« Nun, auch Erziehung ist die Aufgabe von Subjekten, und ihr Ziel ist es, ebenfalls Subjekte heranzubilden, keine Objekte oder Präzisionsmaschinen. Daher ist sie von einer starken historisch-subjektiven Komponente durchdrungen, sowohl bei dem, der sie erteilt, als auch bei dem, der sie empfängt. Dieser Faktor der Subjektivität ist nicht in erster Linie ein psychologisches Charakteristikum des Lehrers oder Schülers (auch wenn solche Merkmale keineswegs irrelevant sind), sondern wird durch die Tradition, die Gesetze, die Kultur und die vorherrschenden Wertvorstellungen der Gesellschaft bestimmt, in der beide sich begegnen. Die Erziehung hat zum Ziel, die Menschlichkeit des Schülers zu vervollständigen, aber diese Menschlichkeit läßt sich nicht abstrakt oder allgemein verwirklichen, sie besteht auch nicht darin, daß man einen in jedem Individuum latent vorhandenen Keim zum Vorschein bringt und in seinem Wachstum unterstützt, sondern es handelt sich vielmehr um die Prägung einer genauen sozialen Orientierung, die in einer gegebenen Gesellschaft für die beste gehalten wird. Émile Durkheim hob in *Erziehung und Soziologie* diesen Punkt am klarsten hervor: »Der Mensch, den die Erziehung in uns verwirklichen muß, ist nicht der Mensch, den die Natur gemacht hat, sondern der Mensch, wie ihn die Gesellschaft haben will; und sie will ihn so haben, wie ihn ihre innere Ökonomie braucht. [...] Da diese Stufenleiter notwendigerweise mit den Gesellschaften wechselt, ist diese Hierarchie niemals zu zwei verschiedenen Zeitpunkten der Geschichte dieselbe geblieben. Gestern war es der Mut, der an erster Stelle stand, mit allen Fähigkeiten, die die militärische Tugend enthält, heute [das heißt, Anfang dieses Jahrhunderts] ist es der Gedanke und die Überlegung; morgen ist es vielleicht die Feinheit des Geschmacks, die Empfindsamkeit für die Dinge der Kunst. Unser pädagogisches Ideal ist, jetzt wie in der Vergangenheit, bis in die Einzelheiten das Werk der Gesellschaft.«

Wenn es die etablierte Gesellschaft ist, die mit ihren dominanten Strategien und den Vorurteilen, die ihre Sichtweise belasten, die Ideale vorgibt, die der Erziehungsaufgabe eine bestimmte Richtung geben – wie können wir dann erwarten, daß der Schulbesuch die Heranbildung von Menschen fördert, die in der Lage sind, die alten Gesellschaftsstrukturen positiv zu ändern? John Dewey schreibt, daß »diejenigen, die eine Erziehung erhalten haben, zugleich jene sind, die sie weitergeben; die bereits vorhandenen Gewohnheiten haben einen großen Einfluß auf ihre Handlungsweisen. Es ist, als könne niemand im wahren Sinn des Wortes erzogen werden, bis sich nicht alle entwickelt und Vorurteile, Dummheit und Apathie hinter sich gelassen haben.« Ein *per definitionem* unerreichbares Ideal. Ist Erziehung also gezwungenermaßen *bewahrend*? Wirkt sie sich unweigerlich zugunsten des Konservativismus aus, so daß der revolutionäre Funke der Schüler sich nur als Reaktion gegen das entzündet, was man ihnen einflößt, und nie als eine der möglichen Formen, es angemessen zu verstehen? Die Antwort auf diese komplexe Frage kann kein einfaches Ja oder Nein sein, und dies wäre auch im einen wie im anderen Fall trostlos.

Zunächst ist es angebracht, ohne falsche Skrupel die bewahrende Dimension der Erziehungsaufgabe zu bestätigen. Die Gesellschaft bereitet ihre neuen Mitglieder so vor, wie es ihr für ihre Erhaltung, nicht ihre Zerstörung am geeignetsten scheint: Sie will gute Mitglieder heranbilden, keine Feinde oder antisoziale Sonderlinge. Wie wir in einem früheren Kapitel angedeutet haben, zwingt die Gruppe dem einzelnen das Lernen wie einen Anpassungsmechanismus an die Erfordernisse des Kollektivs auf. Sie sucht nicht nur für die Gesellschaft akzeptable und nützliche Individuen zu formen, sondern will sich auch vor dem möglichen Keim schädlicher Abweichung schützen. Auch die Eltern wollen das Kind vor allem vor dem bewahren, was ihm gefährlich werden könnte, das heißt, ihm beibringen, sich vor den Übeln zu schützen. Gleichzeitig schützen sie sich auch *vor* ihrem Kind, das heißt, sie beugen den Übeln vor, die es verursachen kann. Also ist die Erziehung in gewissem Sinn immer bewahrend, aus dem einfachen Grund, daß sie eine Folge des kollektiven und individuellen Selbsterhaltungstriebs ist. Mit ihrem üblichen intellektuellen Mut hat dies Hannah Arendt ohne Umschweife formuliert: »Das Konservative im Sinne des Konservierenden scheint mir im Wesen der erzieherischen Tätigkeit zu liegen, deren Aufgabe es immer ist, etwas zu hegen und zu schützen – das Kind gegen die Welt, die Welt gegen das Kind, das Neue gegen das Alte und das Alte gegen das Neue.« Diesbezüglich erweist sich die offizielle Erziehung, die den Respekt vor der Obrigkeit predigt, als ebenso grundlegend konservativ wie die private Außenseitererziehung des Terroristen, der seinem Sprößling beibringt, Bomben zu legen: In beiden Fällen sucht man ein Ideal zu verewigen. Mit einem Wort, Erziehung ist vor allem Vermittlung, und vermittelt wird nur das, was der mit der Vermittlung Beauftragte der Bewahrung für würdig hält.

Und dennoch erschöpfen sich in diesem bewahrenden Fundament der Erziehung weder ihr Sinn noch ihre ganze Tragweite. Warum? In erster Linie, weil das Lernen des Menschen nie durch das rein Faktische (Daten, Riten, Gesetze, Fähigkeiten etc.) begrenzt ist, sondern immer von dem überschritten wird, was man »symbolischen Enthusiasmus« nennen könnte. Bei der Vermittlung von etwas anscheinend Präzisem impfen wir Kindern auch eine Ungewißheit ein, die es noch betont und zugleich erweitert: Wir vermitteln nämlich nicht nur, wie wir etwas verstehen, sondern auch, was wir glauben, daß es bedeutet, und noch weiter, was wir möchten, daß es bedeutet. In einem Satz, der ein bemerkenswertes metaphysisches Rätsel darzustellen scheint, sagt Hegel, der Mensch sei nicht das, was er sei, und er sei, was er nicht sei. Er meinte, daß der Wunsch und das Vorhaben die Dynamik unserer Identität bestimmen, die sich nie auf die Übernahme einer abgeschlossenen und ein für allemal fixierten Form beschränke. Wir können den Ausspruch Hegels auch auf die Erziehung übertragen, die nie mit dem identisch ist, was man bewahren will, sondern auch das noch nicht Realisierte, das noch Unwirksame, die Klagen über und die Hoffnung auf das, was verloren scheint, in sich trägt. Erziehung kann man planen, um die Eltern zu beruhigen, aber tatsächlich werden solche Pläne von ihren Ergebnissen immer überboten und annulliert. Wenn wir die Welt, so wie wir sie uns vorstellen, der nächsten Generation übergeben, so wird sie auch der gewünschten oder gefürchteten Möglichkeiten dieser Welt teilhaftig, die sich noch nicht verwirklicht haben. Wir erziehen, um einen Bedarf zu befriedigen, und erfüllen dabei ein gesellschaftliches und persönliches Stereotyp, aber in diesem Ausbildungsprozeß erzeugen wir eine Unzufriedenheit, die vor nichts haltmacht – eine erfrischende Erkenntnis, auch wenn sie aus konservativer Sicht einen gewissen Skandal darstellt.

Zweitens ist die Gesellschaft nie ein festes, vollendetes, in tödlichem Gleichgewicht befindliches Ganzes. Immer schließt sie unterschiedliche Tendenzen ein, die ebenfalls zur Tradition gehören, die von der Erziehung vermittelt wird. So orthodox der pädagogische Anspruch auch immer sein mag, gilt das, was Hubert Hannoun in *Comprendre l'éducation* gesagt hat: »Die Schule vermittelt nicht nur die dominierende Kultur, sondern vielmehr die Gesamtheit der Kulturen, die sich in der Gemeinschaft, in der sie entstehen, im Widerstreit befinden.« Die Botschaft der Erziehung umfaßt immer, und sei es nur als Anathema, ihre Kehrseite oder zumindest einige ihrer Alternativen. Das ist speziell in der heutigen Zeit offenkundig, in der die Komplexität des Wissens und des gesellschaftlichen Willens dazu führt, daß sich die Zentren der Erziehung in Bereiche des Protests gegen das Geltende verwandeln, auch wenn dies auf die eine oder andere Weise immer galt.

Pädagogen wie Rousseau, Max Stirner, Marx, Bakunin oder John Dewey haben Linien kollektiver Abtrünnigkeit markiert (die etwa die 68er Generation entscheidend prägten), aber die Geschichte der Erziehung kennt Revolutionäre aus viel früheren Zeiten, angefangen mit Sokrates oder Platon über Abälard, Erasmus, Juan Luis Vives, Thomas Morus, Rabelais usw. Die großen Erzieher haben sich nicht darauf beschränkt, die Selbstgefälligkeit des Etablierten zu bekräftigen, aber sie haben auch nicht versucht, es zu beseitigen, ohne es zu begreifen und darauf Bezug zu nehmen. Ihre Arbeit bestand darin, eine schöpferische Unzufriedenheit zu nähren, um jene Elemente der Kultur fruchtbar werden zu lassen, die in einem gegebenen kulturellen Zusammenhang zwar vorhanden und lebendig sind, aber übergangen und verdrängt werden.

Wer erziehen will, wird in gewisser Weise vor dem Kind für die Welt *verantwortlich*, wie Hannah Arendt treffend bemerkt hat: Wem diese Verantwortung zuwider ist, der widmet sich besser einer anderen Sache und steht nicht im Weg. Für die

Welt verantwortlich zu werden heißt nicht, sie in ihrem jetzigen Zustand gutzuheißen, sondern sie bewußt anzunehmen, einfach weil sie da ist und nur auf dieser Grundlage, ausgehend von dem, was sie ist, verbessert werden kann. Damit es eine Zukunft gibt, muß jemand die Aufgabe übernehmen, die Vergangenheit als seine eigene anzuerkennen und sie denen anzubieten, die nach uns kommen. Natürlich darf diese Vermittlung nicht den kritischen Zweifel bezüglich bestimmter Inhalte des Wissens und die Informationen über »ketzerische« Meinungen ausschließen, die sich mit rationalen Argumenten der mehrheitlichen Denkweise widersetzen. Aber ich glaube, der Lehrer darf den rebellischen Geist des Jugendlichen nicht ungebührlich mit seinen eigenen konträren Ansichten kurzschließen und anzustacheln versuchen, die er vielleicht hegt.

Es gibt kein größeres Unglück für Schüler als einen Erzieher, der im Unterricht unbedingt seine politischen Frustrationen kompensieren will, die er vor einem besser vorbereiteten Publikum nicht begründen kann. Anstatt die Vergangenheit zu erklären, zu der er gehört, löst er sich von ihr, als wäre er gerade erst angekommen, und blockiert die kritische Sichtweise, die ja die Schüler einnehmen sollten. Statt dessen lehrt er sie, das zurückzuweisen, was zu verstehen sie noch keine Gelegenheit hatten. So fördert man an den Schulen den schlimmsten Konservativismus, wie bei einer Sekte, die ihrem bilderstürmerischen Guru gehorsam im Aufstand folgt, statt den Jugendlichen Gelegenheit zu geben, mit eigenen Kenntnissen und jugendlicher Reife gegen das zu rebellieren, was sie selbst für abscheulich halten.

So macht man aus dem Nonkonformismus eine Abart des Gehorsams. »Gerade um des Neuen und Revolutionären willen in jedem Kind muß die Erziehung konservativ sein«, so Hannah Arendt, »dies Neue muß sie bewahren und als ein Neues in eine alte Welt einführen, die, wie revolutionär sie sich auch gebärden mag, doch im Sinne der nächsten Generation immer schon überaltert ist und nahe dem Verderben.«

Erzogen wird, um zu bewahren, und Erziehung will bewahren, weil sie bestimmte Kenntnisse, Verhaltensweisen, Fähigkeiten und Ideale positiv bewertet. Sie ist nie neutral: Sie wählt aus, überprüft, setzt voraus, überzeugt, lobt und verwirft. Sie versucht, einen Menschentyp gegenüber anderen, ein Modell der Staatsbürgerschaft, der Arbeitsbereitschaft, der psychologischen Reife und sogar der Gesundheit zu begünstigen, das nicht das einzig mögliche ist, von dem man aber meint, es sei den anderen vorzuziehen. Man beachte, daß das auch gilt, wenn der Staat, eine religiöse Sekte, eine Kommune oder ein einzelner Dissident die Erziehung übernimmt.

Kein Lehrer kann wirklich neutral sein, das heißt konsequent gleichgültig gegenüber den verschiedenen Alternativen, die sich seinem Schüler bieten. Wenn er es wäre, würde er vor allem zuerst dessen Unkenntnis respektieren (ihr gegenüber neutral sein), was die Abdankung zur ersten und letzten Handlung seines Lehramtes machen würde. Und trotzdem würde es sich um eine Präferenz handeln, eine Orientierung, eine bestimmte Art des Eingreifens in die Entwicklung des Kindes (wenn auch nur in Form des Verzichts). Also geht es bei der Frage der Erziehung nicht um Neutralität oder Parteinahme, sondern darum, auf welche Seite man sich stellt.

Es scheint mir sinnvoll, die Behandlung dieses Punktes abzukürzen, die auf diesen Seiten keineswegs vollständig, nicht einmal ausreichend sein könnte. Ich glaube, es gibt rationale

Argumente, um die pluralistische Demokratie der Diktatur oder visionär-unitarischen Gemeinschaftsmodellen vorzuziehen, und ich glaube auch, daß man besser für Vernunftargumente optiert als für launenhafte Phantasien oder okkultistische Offenbarungen. In anderen meiner Bücher habe ich diese keineswegs originellen Vorlieben, die weit berühmtere Anwälte hatten und haben, theoretisch begründet. In unterschiedlichen Epochen und Breiten gab es Erziehungsideale, die, so meine ich, für die erste Generation des 21. Jahrhunderts nicht wünschenswert sind: die Verehrung einer eifersüchtigen Gottheit, deren Gebote die Menschen leiten sollen; das Aufgehen des einzelnen im Geist einer Nation oder in einem Volk als Form menschlicher Erfüllung; die Ausrichtung an einem einzigen gesellschaftspolitischen Modell, das auf alle Fragen der Menschen Antwort geben kann, sei es die kollektivistische Abschaffung des Privateigentums oder dessen Potenzierung in Form ungezügelter Kapitalakkumulation und größtmöglichen Konsums, den man mit Glück verwechselt.

Wer eines dieser Modelle für ein erstrebenswertes Erziehungsziel hält, wird die übrigen Seiten dieses Kapitels unnütz oder ärgerlich finden, weil sein Ideal außer acht gelassen wurde. Ich richte mich hier aber vor allem an jene, die wie ich davon überzeugt sind, daß es gesellschaftlich wünschenswert ist, autonome Individuen heranzubilden, die in der Lage sind, in der Gemeinschaft mitzuwirken, die sich ändern können, ohne sich selbst untreu zu werden, die sich öffnen und ihre Persönlichkeit erweitern, ohne zugrunde zu gehen, die sich eher um die verbreitete Verlassenheit der Menschen als die Vielfalt der Lebensformen zu ihrer Bewältigung oder den Flitter der Verdinglichung sorgen, der sie verschleiert. Menschen also, die davon überzeugt sind, daß das wichtigste Gut, das wir hervorbringen und mehren müssen, unsere gemeinsame Menschlichkeit ist, in der wir uns trotz unterschiedlicher Herkunft und Privilegien, mit denen wir uns – ebenso menschlich – identifizieren, grundsätzlich ähnlich sind.

Entsprechend scheint mir das grundlegende Ideal, das die heutige Erziehung bewahren und fördern muß, der *demokratische Universalismus* zu sein. Dieses Ideal soll im folgenden ausführlicher untersucht werden, und zwar nach Möglichkeit in seinen beiden einzelnen Bestandteilen, die bekanntlich nicht immer miteinander verbunden waren oder sind. Beginnen wir mit dem Universalismus. Universalismus in der Erziehung bedeutet, zunächst von den lokalen Besonderheiten menschlichen Handelns – des sprachlichen, rationalen, künstlerischen Handelns usw. – abzusehen und es global zu bewerten, vor allem aber niemanden von vornherein vom fördernden und die Persönlichkeit entwickelnden Erziehungsprozeß auszuschließen. Jahrhundertelang hat Bildung dazu gedient, Menschengruppen von anderen zu unterscheiden und zu trennen: die Männer von den Frauen, die Wohlhabenden von den Notleidenden, die Städter von den Bauern, die Geistlichen von den Kriegern, die Bürger von den Arbeitern, die »Zivilisierten« von den »Wilden«, die »Klugen« von den »Dummen«, die höheren Kasten von den niederen.

Die Erziehung zu »universalisieren« heißt, mit solcher Ungleichbehandlung aufzuräumen. Auch wenn die fortgeschrittensten Stufen der Ausbildung selektiv sein und die Spezialisierung eines jeden gemäß seiner eigenen Berufung fördern können, darf der Basisunterricht der ersten Jahre niemandem vorenthalten werden und auch keine Vorauswahl treffen, welches Kind etwa für eine hohe, mittlere oder niedrige Laufbahn »geboren« oder bestimmt sei. Die Frage der Herkunft ist das Haupthindernis, das die universelle und universalistische Erziehung niederreißen will. Jeder ist das, was er durch sein Bestreben und seine Fähigkeit sein zu können beweist, nicht das, wozu ihn seine Wiege – die biologische, ethnische, familiäre, kulturelle, nationale, soziale usw. Wiege – gemäß einer von anderen errichteten Hierarchie der Möglichkeiten zu sein vorherbestimmt. In diesem Sinne ist der Erziehungsprozeß immer eine Rebellion gegen das Schicksal, eine Erhebung gegen das Fatum: Die Erziehung ist das *Antifatum* selbst, nicht die auf das Schicksal programmierte Anpassung – damit ich dich besser fressen kann, wie der pädagogisch als Großmutter verkleidete Wolf sagte.

In den vergangenen Epochen beruhte das Gewicht der Herkunft vor allem auf der sozioökonomischen Herkunft eines jeden (und natürlich auf der Trennung der Geschlechter, die die grundlegende Diskriminierung in fast allen Kulturen ist). Heute sind diese beiden »antiuniversalistischen« Kriterien weiterhin an zu vielen Orten unserer Erde gültig. Wo ein Staat nicht aus sozialer Sorge die Wirkungen der skandalösen Unterschiede des Geschicks korrigiert, werden die einen geboren, um erzogen zu werden, und die anderen, um eine kurze Dressur über sich ergehen zu lassen, die sie für Sklavenarbeiten befähigt, mit denen die Höhergestellten sich nie abfinden würden. Auf diese Weise verewigt die Erziehung eine bestimmte, als Schicksal aufgefaßte sozioökonomische Hierarchie, anstatt Möglichkeiten der sozialen Mobilität und eines gerechteren Gleichgewichts zu schaffen. Das Fernhalten der Frauen von den Bildungsmöglichkeiten ist heute eines der Hauptmerkmale des islamischen Fundamentalismus, aber nicht ausschließlich. Alle traditionalistischen Gesellschaften, die versuchen, sich dem modernen Egalitarismus individueller Rechte zu widersetzen, beginnen mit der Bekämpfung der Ausbildung der Frauen. Die sicherste Methode, die Modernisierung der Gesellschaft zu verhindern, ist tatsächlich, die Frauen strikt auf ihre Reproduktionsaufgabe zu beschränken. Sobald aber dieses wesentliche Tabu gebrochen wird – zur Besorgnis der bärtigen Männer und Stammesfürsten –, ist alles möglich, gelegentlich sogar der Fortschritt.

Dagegen ist in den sozial entwickeltsten demokratischen Gesellschaften die Grundausbildung gewöhnlich für alle garantiert, und natürlich haben Frauen das gleiche Recht zu studieren wie Männer (wobei sie im allgemeinen bessere Ergebnisse erzielen als diese). Also wird nach anderen und angeblich »wissenschaftlicheren« Ausschlußmöglichkeiten gesucht. Gemeint sind die genetischen Anlagen, das biologische Erbe, das jeder mitbekommt und das die guten Schulergebnisse einiger weniger bestimmt und andere zum Scheitern verurteilt. Wenn es Personen oder Volksgruppen gibt, die genetisch zum schulischen Mißerfolg verdammt sind – warum soll man sich dann überhaupt die Mühe machen, sie zur Schule zu schicken? Ein rechtzeitiger Intelligenztest würde dem Staat viel Geld ersparen, das man nutzbringend für andere Aufgaben von öffentlichem Interesse ausgeben könnte (zum Beispiel für neue Kampfflugzeuge).

Nicht zufällig sind es die Vereinigten Staaten – deren Bildungssystem aufgrund seiner Mängel besonders der Verschwendung verdächtig ist –, wo neodarwinistisch angehauchte Studien zum Beweis dieser These unternommen wurden.

Den vielleicht größten Skandal verursachte in jüngster Zeit *The Bell Curve* von Murray und Hernstein, die mit statistischen Analysen aufgrund von Intelligenztests zu beweisen glaubten, daß die genetische Kluft zwischen der »geistigen Elite« der USA und den unteren Schichten, die aus Randgruppen und Unangepaßten bestehen, immer größer wird. Insbesondere halten sie es für »wissenschaftlich« erwiesen, daß die durchschnittliche Intelligenz von Afroamerikanern niedriger sei als die anderer Ethnien, weshalb die Politik der »positiven Diskriminierung«, die ihnen helfen will (zum Beispiel durch die Erleichterung des Zugangs zur Universität), eine unnütze Verschwendung öffentlicher Mittel sei. Verschiedene Varianten dieser Gedanken schleichen sich immer häufiger in Ländern ein, deren Regierungen und öffentliche Meinung einem Rechtsruck unterliegen: An einigen Orten sind die genetisch Unfähigen die Schwarzen, an anderen die Indios, die Zigeuner oder Eskimos, und fast überall die Kinder der Armen.

Man kann sich nur schwer eine inhumanere und abstoßendere Doktrin vorstellen. Erstens gibt es keinen verläßlichen Mechanismus zur Messung der menschlichen Intelligenz, die ja nicht nur aus einer einzigen Veranlagung besteht, sondern aus einer Gesamtheit von Fähigkeiten, die zueinander in Beziehung stehen und deren Komplexität man nicht feststellen kann wie die Körpergröße oder die Farbe der Augen. Der Paläontologe und Evolutionsforscher Stephen Jay Gould argumentierte seinerzeit gegen das *mismeasuring of man*, die »Falschvermessung« des Menschen durch solche Intelligenztests, und Cornelius Castoriadis hat nachdrücklich dargelegt, daß »kein Test je das mißt oder messen kann, was die eigentlich menschliche Intelligenz, die uns über die reine Tiernatur hinausgetragen hat, ausmacht: die schöpferische Fähigkeit, neue Dinge zu erzeugen und zu entwickeln. Ein solches ›Maß‹ hätte *per definitionem* keinen Sinn.« Bereits zu Beginn unseres Jahrhunderts erkannte Émile Durkheim der Bedeutung des biologischen Vermächtnisses, das wir von unseren Vorfahren erben, den ihr gebührenden Stellenwert zu: »Was das Kind von seinen Eltern mitbekommt, sind sehr allgemeine Anlagen. Es ist etwas Aufmerksamkeitsvermögen, ein gewisses Maß an Ausdauer, ein gesundes Urteil, Einbildungskraft usw. Aber jede dieser Anlagen kann allen möglichen verschiedenen Zielen dienen.«

Gerade die Erziehung ist es, die den Auftrag hat, die Fähigkeiten eines jeden zu fördern, indem sie die Verschiedenartigkeit seiner ererbten Anlagen zu seinen Gunsten und auch zugunsten der Gesellschaft ausnutzt. Niemand wird mit einem Gen für Verbrechen, Laster oder soziale Benachteiligung geboren – wie ein neuer volksverdummender Fatalismus annimmt –, sondern mit konstruktiven und destruktiven Neigungen, denen der familiäre oder soziale Kontext eine nicht vorhersagbare Bedeutung verleihen wird. Sogar in den Fällen einer psychischen Behinderung gibt es besondere pädagogische Methoden, die sie weitgehend kompensieren können, eine Ausbildung erlauben und die Behinderten vor Isolation retten können.

Aber letztendlich besteht in der überwiegenden Mehrzahl der Fälle das einflußreichste Erbe, das unsere Eltern uns hinterlassen, in den sozialen Umständen. Und diese beginnen mit den Eltern selbst, deren An- oder Abwesenheit, Sorge oder Nachlässigkeit, niedriges oder hohes kulturelles Niveau und gutes oder schlechtes Beispiel ein Erbe darstellen, das hinsichtlich der Erziehung viel relevanter ist als die Gene. Daher beginnt der Universalismusanspruch der demokratischen Erziehung mit dem Versuch, die Mängel der familiären und sozialen Umgebung, in die jede Person zufällig geboren wird, zu verringern und sie nicht als Vorwand für Ausgrenzung zu nehmen.

Ein weiteres Ziel einer universalistischen Erziehung besteht darin, jedem zu helfen, zu seinen Wurzeln zurückzukehren – ein Vorhaben, über das in der Gegenwart viel geschrieben wurde, das aber notorisch falsch oder in logischer Hinsicht sogar völlig widersinnig verstanden wird. In diesem Fall von »Wurzeln« zu sprechen ist natürlich rein bildhaft gemeint, da wir Menschen keine Wurzeln besitzen, die uns an die Erde binden, sondern Beine, um uns zu bewegen, zu reisen oder zu fliehen und an jedem beliebigen Ort die physische oder geistige Nahrung zu suchen, die uns zusagt. Ich möchte dennoch diese Metapher verwenden, die nicht nur den Nationalisten so gefällt, die zu »ihren Wurzeln zurückgehen« wollen, sondern auch den Verfechtern einer radikalen Abgrenzung der Ethnien, die die »Reinheit der Wurzeln« bewahren wollen, und auch religiösen Fundamentalisten (»die Wurzel unserer Kultur ist christlich bzw. islamisch oder jüdisch«) sowie neben weiteren den politischen Traditionalisten (»die Wurzel der Demokratie liegt in der Freiheit des Marktes«).

In der Mehrheit dieser Fälle bedeutet die Berufung auf die Wurzeln, daß wir unseren heimatlichen Garten von Unkraut und angesiedelten Kräutern säubern müssen, welche die eingewurzelte Harmonie dessen stören, was angeblich zuerst gepflanzt wurde. Sie bedeutet auch, daß jeder in sich selbst jene eigene und unverrückbare Wurzel suchen muß, die ihm seine Identität gibt und ihn mit seinen »Schollengenossen« verwandtschaftlich verbindet. Gemäß dieser Anschauung würde Erziehung bedeuten, sich der Stärkung unserer Wurzeln zu widmen und uns enger an die Nation oder Ethnie zu binden oder uns ideologisch »reiner« zu machen – mit uns selbst identischer und daher unverwechselbar, anders als die übrigen. Die einzige universelle Eigenschaft, die dieses Verständnis zuläßt, ist die der Wurzeln, das heißt, jeder besitzt seine eigene, deren »universelle« Aufgabe es ist, uns am Eigenen festzuhalten und zu verhindern, daß wir uns im Dickicht des Fremden verirren.

Aber diese Metapher der Wurzeln kann im umgekehrten Sinn verwendet werden, und genau das muß eine universalistische Erziehung versuchen. Denn wenn wir uns von der Intuition leiten lassen und nicht so sehr von botanischen Lehrweisheiten, erkennen wir, daß es gerade die Wurzeln sind, in denen sich alle Pflanzen am meisten ähneln, während sie sich in der Struktur ihrer Äste, der Art der Blätter, in ihren Blüten und Früchten auffällig unterscheiden. Bei den Menschen verhält es sich sehr ähnlich: Unsere ureigensten Wurzeln, die uns von Tieren unterscheiden, sind der Gebrauch von Sprache und Symbolen, unsere rationale Veranlagung, die Erinnerung an die Vergangenheit und das Denken an die Zukunft, das Bewußtsein des Todes, der Sinn für Humor usw., mit einem Wort, das, was uns ähnlich macht und *nie fehlt*, wo es Menschen gibt: was keine Gruppe, keine Kultur und kein Individuum ausschließlich und andere ausschließend als Eigentum reklamieren können, das also, was wir alle gemeinsam haben.

Der gesamte Rest dagegen – die verschiedensten kulturellen Formeln und Förmelchen, die Mythen und Legenden, die wissenschaftlichen, künstlerischen und politischen Errungenschaften, die Verschiedenartigkeit der Sprachen, der Glaubensrichtungen und Gesetze usw. – ist das farbenfrohe Blätterwerk und die bunte Vielfalt der Blüten und Früchte. Ein Universalist geht auf jene tiefen Wurzeln zurück, die uns gemeinsam zu Menschen machen, während sich Nationalisten, Rassisten und die verschiedenen anderen Partikularisten immer nur wie die Affen von einem Ast zum anderen schwingen, um nach unseren Unterschieden Ausschau zu halten.

Schöpfen wir die Metapher ganz aus, bevor wir sie beiseite legen, was mit allen literarischen Bildern geschehen muß, damit sie das Denken nicht behindern. Pflanzen ohne Wurzeln sterben unweigerlich; ohne Blätter, Blüten und Früchte wäre die Landschaft steril und unerträglich monoton. Unsere kulturelle Verschiedenheit ist die Art und Weise, wie die gemeinsame menschliche Wurzel, ihr Reichtum und ihre Freigebigkeit, zum Ausdruck kommt. Pflegen wir den Wald der Vielfalt, erfreuen wir uns an seinen »Düften« und vielfältigen Genüssen, aber vergessen wir nicht die wesentliche Ähnlichkeit in den Wurzeln, die einer so großen Vielfalt an Formen und Nuancen den gemeinsamen Sinn verleiht.

Man muß sich an diese Ähnlichkeit gerade in den entscheidendsten Augenblicken erinnern, dann, wenn das Zusammenleben von kulturell verschiedenen Gruppen unmöglich wird und die Feindseligkeit durch keine der internen Regeln, die auf einem der in Konflikt geratenen »Äste« gelten, beendet werden kann. Nur indem wir auf die gemeinsame Wurzel zurückgehen, die uns verschwistert, können wir Menschen uns gegenseitig Gäste sein, Komplizen der uns wohlvertrauten Notwendigkeiten, und nicht Fremde, eingeschlossen in die unzugängliche Festung unserer Besonderheit. Die Besinnung auf unsere gemeinsame Menschlichkeit ist notwendig, um das wahrhaft Einzigartige und Unwiederholbare unserer Natur zu charakterisieren, während unsere kulturelle Verschiedenartigkeit zufällig ist.

Keine Kultur ist unzugänglich für die anderen, keine entspringt einem so eigentümlichen Wesen, daß sie sich nicht mit anderen vermischen, mit anderen »anstecken« kann oder darf. Diese wechselseitige Ansteckung der Kulturen ist genau das, was man *Zivilisation* nennen könnte, und die Erziehung muß anstreben, diese Zivilisation und nicht bloß eine bestimmte Kultur weiterzugeben. Paul Feyerabend drückt dies in einem Beitrag zum Buch von Salvador Giner und Ricardo Scartezzini *Universalidad y diferencia* so aus: »Ich leugne nicht die bestehenden Unterschiede zwischen Sprachen, künstlerischen Formen oder Sitten und Gebräuchen. Aber ich würde sie den Zufällen ihrer Situation und/oder Geschichte zuordnen, nicht eindeutigen, ausdrücklichen und unveränderlichen kulturellen Wesenheiten: *Potentiell enthält jede Kultur alle Kulturen.* [...] Und wenn das so ist, verlieren die kulturellen Unterschiede ihre Unantastbarkeit und werden zu konkreten und veränderlichen Manifestationen einer gemeinsamen menschlichen Natur.« Auf diese Möglichkeit jeder Kultur, sich in alle anderen zu verwandeln, und den Umstand, daß sie ohne kulturelle Transfusionen von den anderen und ohne kulturelle Übersetzungen oder Angleichungen an die anderen gar keine wirkliche Kultur sein kann – darauf beziehen wir uns, wenn wir von Zivilisation und Universalität reden. Es geht nicht darum, alles gleichzumachen, sondern die autistische Mythologie der Kulturen zu zerstören, die verlangen, in ihrer Identität bewahrt zu werden, so als ob sich nicht alle Kulturen seit Jahrhunderten durch den zivilisatorischen Einfluß der anderen ändern würden.

Ist das Ethnozentrismus? Nur dann, wenn wir Universalismus als Merkmal der westlichen Kultur betrachten würden, anstatt ihn für ein wertvolles Ideal zu halten, das unzählige Male durch den Westen (was auch immer dieser verschwommene Begriff bedeuten mag) gefördert, aber auch verletzt wurde. Nein, Universalismus ist kein ausschließliches Eigentum irgendeiner Kultur – was ja ein Widerspruch in sich wäre –, sondern eine Tendenz, die in allen Kulturen vorhanden ist, die sich aber auch überall dem kulturellen Provinzlertum sich abschottender Eigentümlichkeit entgegenstellen muß, das sich in den scheinbar entgegengesetztesten Breiten findet. Erziehung hat ihre geeignetste Aufgabe gerade darin, diese gemeinsame und bedrohte Tendenz zu fördern, in einer von Kommunikation überfluteten Welt, in der es Raum für Vielfalt, aber nicht für Stammesdenken gibt. Es gibt unglücklicherweise bereits viele andere Kräfte, die sich damit beschäftigen, aus dem Anderen, dem kulturell Andersartigen und Unaussprechlichen, aus der Ausgrenzung und Abschottung Kapital zu schlagen – und mit wahrer Erziehung haben diese Kräfte absolut nichts zu tun.

Vielleicht ist der hysterische Drang, sich unverwechselbar und für die anderen unzugänglich zu machen, lediglich eine Reaktion auf den immer offenkundigeren Beweis dafür, daß wir Menschen uns zu sehr ähneln. Früher war dies nur einigen klugen Köpfen klar, aber heute ist diese Erkenntnis aufgrund der Medien allen zugänglich. Gehen dadurch viele Nuancen verloren? Bedroht uns die universelle Gleichförmigkeit? Ich glaube nicht, denn schon Hölderlin verkündete, daß es dem Geist gefalle, sich Formen zu geben, und ihm gefällt es auch, daß diese Formen immer wieder das Identische und Gleichförmige zerstören. Die Vielfalt ist gesichert, auch wenn sie wahrscheinlich auf verwirrende Weise immer mannigfaltiger wird und der bereits erprobten und vertrauten Verschiedenartigkeit immer weniger ähnelt. Auch auf diesen innovatorischen Prozeß sollte die Erziehung künftige Generationen, die ihn erleben werden, vorbereiten.

Aber täuschen wir uns nicht, die Zeichen der gesellschaftlichen Entwicklung weisen heute ganz und gar nicht auf den unvermeidlichen und »uniformierenden« Triumph des Universalismus. Ganz im Gegenteil, es gibt hier und da drückende Belege des zunehmenden Erfolgs antiuniversalistischer Einstellungen, die sich darüber hinaus gewöhnlich zu Opfern der angeblichen Allmacht universalistischer Tendenzen erklären. Was heute wirklich gefährlich zunimmt, ist das erneute Zurückgreifen auf die Herkunft, die sich dem Denken unerbittlich aufpreßt, so daß die Welt in abgeschottete und stagnierende intellektuelle Gettos zu zerfallen droht. Danach sind nur die Einheimischen selbst in der Lage, die Menschen ihrer Nation zu verstehen, nur Schwarze können Schwarze verstehen, nur Gelbe die Gelben, nur Weiße die Weißen, nur Christen die Christen, Moslems die Moslems, Frauen die Frauen, Homosexuelle die Homosexuellen und nur Heterosexuelle die Heterosexuellen.

Jeder »Stamm«, so folgt daraus, muß abgekapselt bleiben, identisch gemäß der von den Patriarchen oder Kaziken der Gruppe festgelegten »Identität«, abgetaucht in seine wertlose »Reinheit«. Es bedeutet ferner, daß eine unterschiedliche Erziehung für jede dieser Gruppen zu fordern ist, die sie »respektiert«, das heißt, ihre Vorurteile bestätigt und ihnen nicht erlaubt, sich zu öffnen und von den anderen angesteckt zu werden. Kurz gesagt, unsere Umstände sollen derart unser Urteil bestimmen, daß es nie intellektuell frei ist – wenn es zutrifft, wie Nietzsche glaubt, daß der freie Mensch derjenige sei, der auf andere Weise denkt, als man von ihm aufgrund seiner Herkunft, seiner Umgebung, seines Standes und seiner Funktion oder der zu seiner Zeit herrschenden Meinungen erwarten könne. Denjenigen, der so denkt, betrachten die Kollektivierer des identischen Denkens nicht als frei, sondern als »Verräter« ihrer Gruppe. Folglich haben wir hier eine weitere Aufgabe einer universalistischen Erziehung: zu lehren, im Namen unserer einzigen wahren und wesentlichen Zugehörigkeit – der menschlichen – das zu *verraten*, was es an Ausschließendem und Engstirnigem in unseren zufälligen Mitgliedschaften gibt, wie angenehm diese auch für die bequemen Geister sein mögen, die ihre Gewohnheiten nicht ändern oder jeden Konflikt vermeiden wollen.

Die Furcht vor einem mit ideologischen Inhalten überfrachteten Unterricht, vor einer Schule, die mehr damit beschäftigt ist, Feuereifer und unverbrüchliche Anhänglichkeit zu wecken, als kritisches und autonomes Denken zu fördern, ist verständlich. Die wohlgemeinte Erziehung zu bürgerlichen Werten kann sich leicht in die Indoktrination einer lähmenden Fügsamkeit verkehren, wenn sie nur energisch genug betrieben wird. Die notwendige Erläuterung unserer wichtigsten politischen Werte kann ebenfalls leicht in Propaganda abgleiten, noch verstärkt durch die verstümmelnde Manie der »politischen Korrektheit« (die damit anfängt, daß der politische Umgang ganz von der aggressiven Reizbarkeit der Lobbies bestimmt wird, und die damit endet, daß jede Politik selbst für »unkorrekt« erklärt wird, denn es gibt kein wirkliches politisches Handeln, ohne das Gültige etwas zu destabilisieren).

Von daher ist eine gewisse »Neutralität« der Schule gerechtfertigt und wünschenswert – gegenüber den konkreten, durch die politischen Parteien angebotenen Wahlmöglichkeiten, den verschiedenen Konfessionen, den ästhetischen oder existentiellen Lebensentwürfen, die in der Gesellschaft entstehen. Es muß natürlich eine relative Neutralität sein, weil man nicht jede kritische Behandlung aktueller Themen vermeiden kann (die die Schüler selbst häufig fordern und der sich ein kompetenter Lehrer widmen muß, ohne zu versuchen, sich über die Parteien zu stellen; vielmehr sollte er seinen Standpunkt darlegen und eine Auseinandersetzung über die anderen Ansichten fördern). Allerdings muß man vermeiden, daß sich das Klassenzimmer in eine ermüdende und haarspalterische Nebenstelle des Parlaments verwandelt. Es ist wichtig, daß man in der Schule das Diskutieren übt, aber es muß unbedingt klargestellt werden, daß die Schule weder ein Debattierklub noch eine Kanzel ist.

Dennoch entspricht diese kritische Neutralität selbst einer bestimmten politischen Form, gegenüber der eine demokratische Erziehung nicht neutral sein kann – der Demokratie selbst. Es käme einer Selbstaufgabe gleich, wenn die Schule es ablehnen würde, demokratische Staatsbürger heranzubilden, also Nonkonformisten, die sich jedoch an die demokratischen Spielregeln halten; die sich zwar um ihre eigenen existentiellen Belange kümmern, aber auch die Erfordernisse des politischen Ausgleichs in der Sphäre des Öffentlichen kennen. In der wünschenswerten weltanschaulichen und ethnischen Vielfalt der modernen Gesellschaft ist die Schule das einzige verbliebene allgemeine Umfeld, das die rationale Achtung jener Werte fördern kann, die das Zusammenleben mit denen ermöglichen, die mit Freude verschieden sind (sieht man einmal vom obligatorischen Wehrdienst ab, dessen Abschaffung ich befürworte). Und diese Gelegenheit, zur Achtung vor dem uns alle Verbindenden, unserem kleinsten gemeinsamen Nenner zu erziehen, darf auf keinen Fall versäumt werden. Es kann und darf zum Beispiel keine Neutralität geben, was die Ablehnung der Folter, des Rassismus, des Terrorismus, der Todesstrafe, der Rechtsbeugung durch Richter oder der Straflosigkeit von Korruption in öffentlichen Ämtern betrifft; auch nicht bei der Verteidigung des Schutzes der Gesundheit oder der Erziehung, der Alten oder der Kinder, und auch nicht hinsichtlich des Ideals einer Gesellschaft, die die Kluft zwischen Überfluß und Elend soweit wie möglich verkleinert. Warum? Weil es sich nicht um einfache Optionen handelt, sondern um *Errungenschaften der humanisierenden Zivilisation*, auf die man nicht verzichten kann, ohne Zugeständnisse an die Barbarei zu machen.

Das demokratische System selbst ist nichts Natürliches und Spontanes, sondern wurde durch viele revolutionäre Anstrengungen im intellektuellen und politischen Bereich erstritten. Daher ist es keine Selbstverständlichkeit, sondern muß mit der größten didaktischen Überzeugungskraft vermittelt werden, die noch mit dem Geist kritischer Autonomie vereinbar ist. Die demokratische politische Sozialisation ist ein kompliziertes und empfindliches, aber unverzichtbares Unterfangen. Manuel Ramírez hat einige der prinzipiellen Merkmale einer demokratischen Öffentlichkeit hervorgehoben, die gefördert werden müssen: Akzeptanz einer gewissen Relativität jeder demokratischen Politik; Förderung der Kritik- und Auswahlfähigkeit; positive Bewertung des gesellschaftlichen Pluralismus und des Konflikts, der nicht nur notwendig, sondern auch fruchtbar ist; Ermunterung zur Beteiligung am öffentlichen Leben; Entwicklung des Verantwortungsbewußtseins eines jeden und auch des Bewußtseins für die notwendige Kontrolle der politischen Repräsentanten; Stärkung des Dialogs gegenüber dem Monolog und der Einsicht, weltanschauliche Rivalität nicht als Feindschaft zu begreifen sowie zu akzeptieren, »daß alle Welt das Recht hat, sich zu irren, aber niemand, den Irrtum auszurotten«. – Zweifellos kann man diese Liste noch verlängern, aber sie genügt als Hinweis auf die pädagogischen Ziele, die im Hinblick auf dieses Thema unverzichtbar sind.

Die wohlbegründete Empfehlung solcher Werte darf nicht zur erbaulichen Litanei verkommen, die nur zu ihrer Ablehnung führt. Man sollte besser aufzeigen, wie sie im Laufe der Geschichte unentbehrlich wurden und was dort geschieht, wo es zum Beispiel keine freien Wahlen, keine religiöse Toleranz gibt oder die Richter bestechlich sind. Es wäre absurd, Kindern die Mängel des Systems, in dem wir leben, zu verheimlichen (allein schon durch das Fernsehen bleiben diese, wie gesehen, nicht lange verborgen), aber es ist wichtig, ihnen ein vernünftiges Vertrauen in die vorgesehenen Mechanismen zu ihrer Beseitigung einzuflößen. Wenn man sie gleich zu Anfang dazu bringt, den demokratischen Kontrollgarantien zu mißtrauen, erreicht man nur, daß sie in dem Augenblick, wo diese erforderlich werden, untätig zusehen – zum großen Vergnügen derer, für die Demokratie nur eine Tarnung für ihre oligarchischen Gaunereien ist. Es ist gleichermaßen unheilvoll, die Verfahren des Systems über die Maßen zu preisen und die Schüler so in gewisser Weise zu »täuschen«, wie sie im Hinblick auf einen konkreten Mißstand von vornherein zu enttäuschen, dessen Behebung ja gerade von ihrer zukünftigen intelligenten Mitarbeit abhängt. Dieses offene, skeptische und aufmerksame, aber deshalb nicht weniger kraftvolle Konzept von Demokratie hat Giacomo Marramao sehr gut beschrieben: »Demokratie ist immer auf die Zukunft gerichtet, da sie ihre undurchsichtigen Reibungen und Konflikte nie der Utopie einer absoluten Transparenz preisgibt. Demokratie findet nicht in einem gemäßigten Klima statt und ist nicht in ein ewiges und gleichförmiges Licht getaucht. Sie nährt sich vielmehr gerade von jener Leidenschaft der Ernüchterung, die in einer unlösbaren Spannung die Strenge der Form und die Möglichkeit des Unerwarteten in sich vereint.«

Anstelle eines Nachworts
Brief an die Kultusministerin

Erlauben Sie mir, daß ich diese Reflexionen beende, indem ich mich persönlich an Sie wende. Das »persönlich« muß man *cum grano salis* verstehen (was ich mir übrigens für alles, was ich schreibe, wünsche). Ich habe nicht die Ehre, Sie persönlich zu kennen, noch stelle ich mir Sie als eine bestimmte Person vor, sondern als Vertreterin jener Behörden, die für die Bildungseinrichtungen zuständig sind. Natürlich könnten Sie auch ein Mann sein, ohne daß sich dadurch der Inhalt dieses Briefes ändern würde, aber ich habe festgestellt, daß dieses Regierungsamt sehr häufig von Frauen bekleidet wird.

Wir könnten das als ein gutes Zeichen ansehen, auch wenn mich etwas beunruhigt, daß bei einer bevorstehenden Kabinettsumbildung die Medien und die Öffentlichkeit immer darüber spekulieren, wer für das Innenressort, die Wirtschaft, die Justiz oder die Außenpolitik in Frage kommt, während die Besetzung des Bildungsministeriums nur selten auf Interesse stößt.

Nehmen wir also einfach an, daß wir uns hier an eine Ministerin wenden. Und nehmen wir weiter an, daß Sie, Frau Ministerin, genügend Geduld hatten, sich bei Ihren vielfältigen Aufgaben die Zeit zu nehmen, um diesen Essay zu lesen – der, wenn schon keinen anderen, zumindest den Vorzug hat, kurz zu sein. In diesem Fall fragen Sie sich vielleicht, was der eigentliche Grund ist, warum ich ihn geschrieben habe. Ich könnte Ihnen zum Beispiel mit der folgenden Rechtfertigung antworten: »Ich selbst bin in letzter Zeit von vielen um Rat gefragt worden, die in Verlegenheit waren, wie sie ihre Kinder erziehen sollten, und allgemein klagt man heute über die frühe Verdorbenheit der Jugend; man kann es daher wohl nicht fehl am Platze nennen, wenn jemand diese Frage in den Blickpunkt rückt und einen Beitrag liefert, sei es auch nur, um Anregungen oder Anlaß zu Berichtigungen zu geben.« Sie werden mit mir darin übereinstimmen, daß diese Worte auch heute noch geeignet sind, ein Vorhaben wie das meine zu entschuldigen. Aber ich werde sie nicht verwenden, weil John Locke dies bereits vor mehr als dreihundert Jahren getan hat, als er seine *Gedanken über Erziehung* an Edward Clarke von Chipley schickte. Ich werde daher meine Absichten lieber auf eine persönlichere Art legitimieren.

Machen wir einen kleinen Exkurs. Sie, verehrte Dame, sind für Ihre lautere Begeisterung für die Freiheit bekannt. Ich teile sie mit allem Nachdruck. Aber diese freiheitliche Einstellung bringt uns im Hinblick auf die Erziehung in eine schwierige Lage, denn wie rechtfertigen wir angesichts dieser Voraussetzung die *Schulpflicht*? Müßte der Unterricht nicht vielmehr nur eines unter den vielen Angeboten des großen demokratischen Marktes sein, in dem wir leben, so daß jene Eltern, die ihre Kinder erziehen wollen, diese Offerte nutzen könnten, während diejenigen, die sie lieber verwildern lassen oder ihnen selbst etwas beibringen wollen, was nicht in den offiziellen Lehrplänen enthalten ist, ebenfalls ohne Zwang ihrem Wunsch folgen könnten? Schließlich sind die Jahre des Lernens eine Belastung, die den einzelnen von den Behörden auferlegt wird (eine schwere Belastung noch dazu, die sich in den entwickelten Ländern bis fast auf ein Viertel der durchschnittlichen Lebensdauer ausdehnen kann!). Ist Wissen denn ein so unbestreitbares Gut, ein Wissen zudem, das durch einen gesellschaftlichen Mehrheitsbeschluß vereinheitlicht wurde und anderes ausschließt? Stellt nicht der Prediger Salomo fest, daß, wer die Erkenntnis mehrt, auch den Kummer der menschlichen Existenz mehrt?

Es kann daher nicht allzusehr verwundern, daß mancherorts (insbesondere in den Vereinigten Staaten) die Schulpflicht aus Gewissensgründen von einigen Menschen teilweise oder ganz abgelehnt wird. Sie würden ihre Kinder sozusagen lieber brachliegen lassen, vielleicht in freiem Kontakt zur Natur (ich nehme an, damit ist die Landschaft, das Landleben und ähnliches gemeint), und sie berufen sich auf Präzedenzfälle berühmter Leute ohne Schulbildung, die ganz nach oben gelangten, wie Abraham Lincoln. Andere mißtrauen der vom Staat kontrollierten Ausbildung und weigern sich, ihre Sprößlinge in den Wettbewerb um die offiziellen Abschlüsse eintreten zu lassen – als ob man nicht leben und nützlich sein könnte, ohne Bescheinigungen mit dem Stempel der zuständigen Behörde zu besitzen! Dann gibt es die, die sicher sind, daß sie selbst ihren Kindern das beibringen können, was man wirklich für ein anständiges Leben benötigt, im Bruch mit der Konsumgesellschaft und im Respekt vor der mißhandelten Umwelt, oder die sich für ihre Kinder Privatlehrer leisten können, die diese Aufgabe außerhalb der vorgezeichneten Bahnen erfüllen. Schließlich gibt es dort, wo man die Schulpflicht durchgesetzt hat, die Vermassung und das Scheitern der Schule, die bürokratische Trägheit der Lehrer, willkürlich wechselnde Lehrpläne, vielleicht sogar die perverse Absicht, die Schüler in gefügige und mittelmäßige Roboter im Dienst einer alles für ihre Zwecke zurichtenden etablierten Macht zu verwandeln. Was können wir, Sie und ich, diesen Rebellen, die anscheinend ihrer Sache sicher sind, aus unserem so bedrängten demokratischen Liberalismus heraus antworten?

Ich glaube, ich habe in den letzten drei Kapiteln dieses Essays auf einen großen Teil dieser Einwände bereits einige Teilantworten gegeben, und ich leugne nicht, daß ich sie in gewisser Weise mit dieser Absicht geschrieben habe. Aber nun sehe ich mich verpflichtet, die Frage erneut von einer höheren Warte aus aufzugreifen. Auch ich setze als gegeben voraus – wie Sie, wenn ich nicht irre –, daß das Ziel dieses politischen Artefakts schlechthin, der Demokratie, darin besteht, die Freiheit der Personen in ihrer Beziehung zur Kollektivmacht der Gemeinschaft, zu der sie gehören, zu institutionalisieren. Das heißt, ihnen Stimme, Stimmrecht, die Befähigung zur öffentlichen Debatte und zur Entscheidung über Gesetze, Behörden und die gesamtgesellschaftliche Orientierung zuzugestehen. Dies bedeutet mit einem Wort, das autonome Individuum zum letzten Bezugspunkt der Legitimität kollektiven Handelns zu machen, damit die Gesellschaft ihren Sinn durch den Willen der einzelnen erhält und nicht umgekehrt die einzelnen ihren Sinn durch den Dienst erhalten, den sie einem allgemeinen Willen leisten, dessen unwiderrufliche Sprecher nur einige wenige Ausgewählte sind, die über eine selbstproklamierte Einsicht in das Schicksal des Volkes, die wissenschaftliche Wahrheit der Wirtschaft oder die Wurzeln des Stammes verfügen.

So weit, so gut. Aber die politische Freiheit, die wir verlangen (eine unablässige, endlose Forderung, die sich ständig ausweitet und, wird sie teilweise erfüllt, sofort eine größere Unzufriedenheit hervorruft), beruht nicht nur auf der Emanzipierung von der ungerechten Befehlsgewalt einer Autorität, die nicht von einer Mehrheit Gleicher gewählt wurde. Die alten Philosophen des Mittelalters, denen wir unrecht täten, würden wir sie voreilig geringschätzen, sprachen von zwei Arten der Freiheit – der *libertas a coactione*, der Freiheit vom Zwang, und der *libertas a miseria*, der Freiheit vom Elend. Die erste beruht darauf, sich von der Tyrannei zu befreien, die uns politisch mit Gewalt unterdrückt; die zweite besteht im Schutz vor der Tyrannei der Notwendigkeiten, die sich uns in Form von Armut, Mangel, Krankheit, Schwäche des Kindseins oder Alters, Unfällen und Unkenntnis aufzwingt.

Die wahren Freunde der Freiheit, wie Sie und ich es zweifellos sind, können sich nicht mit dem Streben nach einer teilweisen und halbseitig gelähmten Freiheit zufriedengeben. Wir müssen vielmehr unermüdlich nach der vollständigen Freiheit streben, ohne ungerechten Zwang zu akzeptieren, um das Elend zu verringern, und ohne uns mit dem Elend abzufinden, um jeden Zwang zu vermeiden. Wie Sie wissen, gab es diktatorische Staatsformen, die auf den ersten dieser Mißbräuche verfielen, so wie heute einige den zweiten für unvermeidlich zu halten scheinen. Nennen wir die letztere Haltung ruhig neoliberal und fügen hinzu, daß ein solcher Neoliberalismus in wirtschaftlichen Fragen akzeptabel denkt, aber im Sozialen und Politischen schlicht versagt.

Eine der häßlichsten Fratzen des Elends – erlauben Sie mir, daß ich darauf beharre – ist die Ignoranz. Wo es Unkenntnis gibt, das heißt, wo die grundlegenden Prinzipien der Wissenschaften unbekannt sind, wo die Menschen ohne die Fähigkeit des Schreibens oder Lesens aufwachsen, wo ihnen der Wortschatz fehlt, um ihre Wünsche und ihre Ablehnung auszudrücken, wo sie der Fähigkeit beraubt sind, selbst das zu lernen, was ihnen helfen würde, ihre Probleme zu lösen, und wo sie statt dessen Zauberern oder Wahrsagern ausgeliefert sind, die die theosophischen Quellen ihres Wissens nicht mit ihnen teilen – dort herrscht das Elend und gibt es keine Freiheit.

Demokratie besteht nicht nur in der Achtung der gleichen Rechte der Bürger, weil die Bürger keine natürliche Frucht der Erde sind, die einfach überall von selbst wächst. Die Demokratie hat auch die Aufgabe, die Bürger zu formen, auf deren politischem Willen ihre Legitimität beruht, das heißt, sie muß jedem potentiellen Bürger das Unerläßliche beibringen, damit er es *de facto* sein kann. Daher ist in demokratischen Gesellschaften Bildung nicht etwas bloß Optionales, sondern eine öffentliche Pflicht, die der Staat garantieren und überwachen muß. Das demokratische System muß sich um die obligatorische Erziehung der nachwachsenden Generation kümmern, um die Kontinuität und Lebensfähigkeit ihrer bürgerlichen Freiheiten zu gewährleisten. Wir erziehen, um uns selbst zu schützen – aus *Selbsterhaltungstrieb*.

Ob die Eltern dies nun wollen oder nicht, kann nicht ausschlaggebend sein. Kinder sind kein Eigentum ihrer Eltern, auch keine bloßen Objekte zur Befriedigung ihrer Launen – so liebenswert diese sein mögen – oder ihrer grenzenlosen Experimentierfreude. Sie dürfen auch nicht ohne Unterstützung der Gemeinschaft einfach den wirtschaftlichen oder kulturellen Beschränkungen ihrer Familien überlassen bleiben. Wie ich in den vorigen Kapiteln dargelegt habe, verstehe ich Erziehung als Artefakt, als ein künstlich von uns geschaffenes Mittel gegen das Schicksalhafte und Unwiderrufliche, gegen die Bestimmung unserer Wiege. Daher scheint es mir immer noch demokratischer, die Heranbildung von Individuen, die autonom sein müssen, zu fördern, als ein familiäres Selbstbestimmungsrecht zu respektieren, das eingesetzt wird, um ihre Bildungsmöglichkeiten zu konditionieren oder zu beschneiden.

Das soll natürlich nicht heißen, daß die erzieherischen Präferenzen der Eltern systematisch abgelehnt oder übergangen werden dürfen. Der Staat muß ein ausreichendes Minimum an Gemeinsamkeit bei allen angewandten Erziehungsmethoden garantieren und dabei die verschiedenen weltanschaulichen Ausrichtungen einzelner Familien respektieren – vorausgesetzt, sie verletzen nicht theoretisch oder praktisch die Grundrechte der Person –, und er muß auch darauf Rücksicht nehmen, daß bestimmte optative Kenntnisse anderen gleichfalls möglichen vorgezogen werden.

Die Erziehung muß so pluralistisch wie die Gesellschaft selbst sein, und es ist von Nutzen, wenn sie verschiedenen Formen, Stilen und Ansätzen Raum läßt. Aber kein Kind darf aus finanziellen Gründen ohne Unterricht bleiben, und es hat auch niemand das Recht, ihm aus ideologischen Gründen diesen vorzuenthalten. Sogar der Verzicht auf Wissen setzt ein bestimmtes Wissen voraus; und alle Feinde akademischer Titel, die ich kenne, sind zu ihrer wohlbegründeten Abneigung gelangt, nachdem sie ihren erhalten hatten. Nur Fanatiker nehmen an, daß das Hauptziel einer demokratischen Erziehung darin besteht, zufriedene Sklaven hervorzubringen. Jenseits der Beschränkungen des Zufalls, die tatsächlich die besten Absichten zunichte machen können, besteht das Ziel einer humanistischen Erziehung (in dem Sinn, wie es im fünften Kapitel dargelegt wurde) nicht darin, den Schüler mit unverrückbaren Dogmen oder ewigen Verhaltensformen in eine feste Identität zu pressen, sondern ihn zu lehren, sich zu ändern, ohne zu zerbrechen, ohne sich schuldig zu fühlen und ohne die Fähigkeit zu verlieren, weiterhin nach seinem Glück zu streben. Es ist gut möglich, daß diese lobenswerte Absicht sich nur sehr beschränkt verwirklichen läßt, aber das wertet nicht den Versuch ab und nimmt auch nicht dem gesellschaftlichen Druck, der ihn fordert, seine Legitimität.

Das Wissen, das die Erziehung vermitteln will, ist nicht die Summe der von den Eltern akzeptierten Kenntnisse und Erfahrungen (die diese persönlich weitergeben müssen und können, sogar als Rebellion gegen den etablierten Unterricht – die Dialektik zwischen Eltern und Schule ist immer äußerst erzieherisch), sondern die Gesamtheit der grundlegenden kulturellen Inhalte, die von der Gesellschaft anerkannt sind. Das Kind geht zur Schule, um sich mit dem Wissen seiner Zeit in Verbindung zu setzen, nicht, um die Meinungen seiner Familie bestätigt zu sehen. Wer für die Freiheit eintritt, kann ihm diese vielleicht schicksalhafte Gelegenheit zur Unabhängigkeit nicht verweigern, handelt es sich doch darum, autonome Individuen heranzubilden.

Sie und ich, Frau Ministerin, teilen auch nicht, da bin ich sicher, viele der Vorbehalte mancher liberaler Historiker gegen den staatlichen Unterricht. Adam Smith zum Beispiel war der Meinung (die er am Ende von *Der Wohlstand der Nationen* ausdrückte), daß dank des fehlenden staatlichen Unterrichts für Frauen diese nichts »Unnützes, Absurdes oder Überspanntes« lernen würden, sondern nur nützliche Dinge, »sei es, ihre natürliche Anmut zu vervollkommnen, sei es, sie zu Sittsamkeit, Bescheidenheit, Keuschheit und Sparsamkeit zu erziehen«. Mit diesem erbaulichen, aber vielleicht etwas eng ausgerichteten Lernprogramm hätte man uns des Vergnügens beraubt, Sie, verehrte Freundin, an der Spitze eines Ministeriums zu haben.

Natürlich ist es nicht zwingend, daß der bessere Unterricht an den staatlichen Schulen erteilt wird. Angesichts ihrer Vermassung und Mängel sind private Angebote annehmbar und erwünscht, über die der Staat lediglich eine Qualitätskontrolle für die staatliche Anerkennung ausübt. Vielleicht sind sogar revolutionäre Versuche angebracht, wie der vor einigen Jahren von Hans Magnus Enzensberger vorgeschlagene: Eine Gruppe von Eltern mit unterschiedlichen Berufen und Fachrichtungen unterrichtet ihre Kinder gemeinsam, indem diese reihum von einem Haus zum anderen gehen und jeweils von dem Elternteil, das an der Reihe ist, die entsprechende Lektion erhalten. Bei diesem Verfahren sind eine große Flexibilität und eine möglichst unbürokratische Abstimmung zwischen der jeweiligen Lehrgemeinschaft und der Schulaufsichtsbehörde erforderlich, die sich mit der Überprüfung der Ergebnisse nach allgemeinen pluralistischen Normen befassen muß.

Aber täuschen wir uns nicht: Die Erziehung ist nicht einfach eines der Güter, die man auf dem Markt anbietet. Wenn es so wäre, würde man lediglich das reproduzieren, zu dessen Überwindung eine freiheitliche Grundordnung den neuen Individuen Gelegenheit geben möchte – die bestehende Ungleichheit. Die Reichen hätten teure Schulen mit den besten Lehrern, Lehrmitteln und ausgezeichneten Einrichtungen in der Nähe ihrer Wohnviertel. Die Armen hätten dagegen nur ein Recht auf Schulen, die so arm sind wie sie selbst, als einzige bereit wären, in wirtschaftlich desolate Viertel zu gehen, und von Heiligen inmitten gesellschaftlicher Resignation oder beruflicher Frustration geleitet würden.

Wenn man den Armen Gelegenheit gäbe, auf bessere Schulen zu gehen, müßten sie längere Fahrten in Kauf nehmen oder sich zwischen Angeboten entscheiden, deren Bewertung ihren wahrscheinlich nur wenig gebildeten Eltern schwerfallen würde. Diejenigen, die einen besseren Unterricht am nötigsten haben, weil sie zu Hause nur wenig Hilfe und Förderung finden, wären, außer in einem Glücksfall, zu der mittelmäßigsten Ausbildung mit den geringsten Lehrmitteln verdammt. Eine solche Ungerechtigkeit wäre empörend.

Weit empörender wäre jedoch, wenn die Kürzung staatlicher Mittel den öffentlichen Unterricht so weit verschlechtern würde, daß der gesellschaftliche Sieg des Privatunterrichts unvermeidbar wäre. Das wäre eine Schande und ein eindeutiges Attentat auf die demokratische Freiheit, die wir als unser vorrangiges politisches Ideal ansehen. Es ist vernünftig und ratsam, staatliche Mittel für Erziehung überwiegend für den öffentlichen Unterricht zu reservieren, um seine bestmögliche Qualität zu sichern und ihn möglichst pluralistisch zu gestalten. In einer freien Marktwirtschaft mag es der weisen Hand des Marktes überlassen bleiben, nach dem Spiel von Angebot und Nachfrage manchen Privatschulen das Überleben zu sichern, während andere eingehen.

So war also die Bestrebung dieses kleinen Essays eine allgemeine Betrachtung der Erziehung aus der Perspektive eines freiheitlich demokratischen Systems. Mit dem Mut des Laien habe ich dabei die Fachdiskussionen über pädagogische Methoden, akademische Programme, das Finanzierungsdurcheinander, die Lehrerausbildung usw. übergangen, um nach dem *Sinn* zu fragen, den Erziehung aus demokratischer Sicht heute haben kann. Nach dem »Sinn« von etwas zu fragen heißt zu versuchen, seine ihm eigene Logik, seinen inneren Wert und seine Bedeutung für die menschliche Gemeinschaft zu bestimmen. Die Frage nach dem Sinn der Erziehung lautet nicht einfach »Was ist Erziehung?«, sondern eher »Was wollen wir von der Erziehung?« oder sogar »Was sollten wir von der Erziehung fordern?«.

Es genügt natürlich nicht, Kindern einige symbolische Fähigkeiten beizubringen und sie auf einen Beruf vorzubereiten; schon gar nicht, ihnen Gehorsam und Respekt, nicht einmal, den Keim des Nonkonformismus in sie einzupflanzen. Es ist mehr vonnöten: Man muß ihnen die ganze Komplexität und Verworrenheit der Welt, unsere eigene Perplexität, die Widersprüchlichkeit unserer Frustrationen und Hoffnungen vermitteln. Man muß auf pädagogische Weise den Neuankömmlingen sagen, daß wir alles von ihnen erwarten, daß wir aber nicht auf sie warten können. Wir müssen ihnen das vermitteln, was wir für das Bessere halten von dem, was wir gewesen sind, wohl wissend, daß es ihnen nicht genügen wird – wie es schon uns selbst nicht genügte. Wir müssen ihnen sagen, daß sie alles umwandeln und damit bei sich selbst beginnen müssen, dabei aber – aus Treue zum Menschlichen, ihrer einzigen und wahren Wurzel, die unter den Erscheinungen die anderen sucht und sich mit ihnen verstrickt – das Bewußtsein bewahren, was und wie es ist (und war), was sie umwandeln werden. Erlauben Sie mir eine letzte rhetorische Übertreibung? Der Sinn der Erziehung besteht darin, die *intellektuelle Liebe zum Menschlichen* zu bewahren und weiterzugeben.

Ich weiß, ein solches Vorhaben übersteigt die Zuständigkeit eines Kultusministeriums, und niemand würde es wagen, es in den Lehrplan aufzunehmen. Deshalb ist es in gewisser Weise gerechtfertigt, daß ein unwissender Philosoph – letzten Endes das zwangsläufige Merkmal aller Philosophen, weil wir uns immer nur auf das *zubewegen* können, was wir nicht wissen – sich recht und schlecht mit diesen allgemeinen Grübeleien beschäftigt, für die man in keinem Ministerium die Geduld aufbrächte. Aber ich bin schon zum Ende gelangt (besser gesagt, ich breche hier ab), so daß diese letzten Bemerkungen nur dazu dienen, mich selbst mit lauter Stimme davon zu überzeugen, daß ich trotz meiner späten Ankunft zumindest in die richtige Richtung lief, so ähnlich wie die Plauderei zwischen der unbesiegbaren Schildkröte und dem Hasen auf ihrem Panzer bei Lewis Carroll, die einträchtig Schrittchen für Schrittchen zu den Umkleideräumen gehen und sich mit der unvermeidlichen Ironie ihres Wettkampfes abfinden.

Wir bewohnen eine Welt, die sich in bestimmter Weise *globalisiert*, aber es bleibt noch viel zu globalisieren übrig. Die spekulativen Kapitalströme zum Beispiel sind global, wie auch in großem Umfang der geostrategische Einsatz der Produktivkräfte, der Waffenhandel, die Telekommunikation und der Transport. Andere Aspekte sind dagegen weit von der Globalisierung entfernt oder, wenn man so will, global nur durch ihr Gegenteil, die *Fragmentierung*. Darauf weist Juan Carlos Tedesco treffsicher hin: »Einerseits erlaubt uns zum Beispiel das Internet, mit Personen Kontakt aufzunehmen, die Tausende von Kilometern entfernt sind, andererseits hindern uns rassische, ethnische und kulturelle Vorurteile daran, mit dem Nachbarn zu reden, und zwingen uns dazu, erneut darüber zu diskutieren, ob die gemeinsame Erziehung von Jungen und Mädchen angemessen ist.« Während sich wirtschaftliche Interessen über die ganze Welt ausbreiten, globalisiert sich das Interesse an den Grundrechten des Menschen nicht. Die Welt ist vereint im Gebrauch bestimmter Kreditkarten und Maschinengewehrfabrikate, bleibt aber weiterhin unfähig, auf globale Weise Hunger, Krieg, Überbevölkerung, rassische oder sexuelle Diskriminierung usw. zu bekämpfen sowie den Umweltschutz und die Achtung politischer Freiheiten durchzusetzen. Worauf ist diese Inkohärenz zurückzuführen?

Ich will kurz darauf eingehen: Die Spekulanten, die Industriellen auf der Suche nach attraktiven Märkten und billigen Arbeitskräften, die Waffenhändler oder Verkäufer von Folterwerkzeugen (ein schöner Nutzen der Handelsfreiheit!) wissen sehr wohl, was sie gewinnen, wenn sie ihr Aktionsfeld auf die ganze Welt ausdehnen. Nicht so die nationalen Politiker und die öffentlichen Verwalter der kulturellen Unterschiede, die in der die ganze Menschheit erfassenden Globalisierung nur Nachteile für ihre jeweiligen Gebiete sehen: Verlust persönlicher Macht (lieber ein Spatz in der Hand als eine Taube auf dem Dach), allmähliches Verschwinden von Stammesvorurteilen, internationale Kontrolle der Beschwerden von Einzelpersonen oder lokalen Minderheiten, Infragestellung der Privilegien der reichen Länder, Notwendigkeit der Suche nach einer gemeinsamen Identität, die nicht auf dem Antagonismus mit den Nachbarn oder mit Menschen beruht, die in religiöser oder ideologischer Hinsicht als Ungläubige angesehen werden, usw. Dazu kommen noch die Hindernisse, die diese zweite Art der Globalisierung der ersten entgegensetzen würde: Würden die Menschenrechte tatsächlich universell respektiert, dann könnte eine Universalisierung der Wirtschaft, die ausschließlich auf der Basis der Steigerung der Gewinne und ihrer Konzentration in wenigen Händen beruht, nicht mehr auf so wenig Widerstand stoßen wie heute.

Ich meine, eine demokratische Erziehung müßte die Entwicklung einer humanen Globalisierung fördern, die zur Zeit eine untergeordnete Rolle spielt. Dafür wären nicht die ökonomisch berechenbaren Interessen aufzugeben, sondern andere, ebenfalls greifbare Interessen zu stärken, die sich nicht berechnen lassen, sondern vernünftig begründet werden müssen. Unter den Vorzeichen der nahenden Jahrtausendwende sind es heute die Ethik und die politische Philosophie, die sich dieser Aufgabe widmen, statt in apokalyptisches Gejammer zu verfallen und sich in das angeblich Unvermeidbare zu fügen. Die alten Alchimisten sprachen vom *aurum non vulgi*, einer anderen und höheren Art von Gold als dem gewöhnlichen, mit dem sich die Allgemeinheit zufriedengab. Unsere Kinder müßten möglichst früh mit den Belohnungen vertraut werden, die dieses andere, geistige, staatsbürgerliche Gold (das heißt das Glück, keinen Herrn zu haben, aber vor allem, niemandes Herr zu sein) sowie das Gold der Gefühle und der Kunst für sie bereithalten.

Erziehung muß auch sinnliche Freuden vermitteln, die Freude an Zärtlichkeit, am Lachen, an Blicken der Dankbarkeit, an Gespräch und Diskussion, an Spaziergängen in der Abenddämmerung (wie die, die angeblich Jahwe im Garten Eden machte), kurz, die Freude an dem, was man nicht taxieren kann oder einer dem anderen in Rechnung stellt. Nichts ist schlimmer als der Brauch – sehr angelsächsisch, aber nicht nur –, Kinder mit Geld zu belohnen, wenn sie irgendeinen kleinen Dienst für die Familie geleistet haben. Unter dem Vorwand, ihren Spar- oder Verantwortungssinn zu fördern, werden sie zu kleinen Angestellten jener, deren fröhliche Gesellschaft ihre größte Belohnung sein sollte. Wenn sie älter werden, werden sie nichts genießen, das sie nicht teuer bezahlt haben, das andere nicht brauchen oder um das andere sie nicht beneiden. Es ist das Versagen der Kultur, zumindest in ihrem höheren Sinn.

Ist es nicht auffallend, daß jemand, je weniger echte Bildung er erhalten hat, desto mehr Geld ausgeben muß, um sich am Wochenende oder im Urlaub zu amüsieren? Da niemand ihnen beigebracht hat, sich schöpferisch von innen heraus Vergnügen zu schaffen, müssen sie alles von außerhalb kaufen. Sie begehen den Fehler, den ein taoistischer Weiser bereits vor Jahrhunderten angeprangert hat: »Der Irrtum der Menschen liegt darin, zu versuchen, ihr Herz mit Hilfe der Dinge zu erfreuen, wo wir doch die Dinge mit unserem Herzen erfreuen sollten.«

Nun, wenn ich anfange, chinesische Weise zu zitieren, ist es offensichtlich Zeit, den Laden zu schließen. Außerdem flüstert mir ein zynischer kleiner Teufel einen Ausspruch Oscar Wildes ins Ohr, der auch ein Weiser war, wenn auch ein irischer: »Erziehung ist eine wunderbare Sache, doch muß man sich von Zeit zu Zeit besinnen, daß nichts, was von Wert ist, gelehrt werden kann.« Das ist richtig und stimmt doch nicht ganz. Auch einige der Dinge, die unterrichtet werden, sind wirklich wichtig: Hätte ich zum Beispiel nicht lesen gelernt, wäre ich Oscar Wildes spitzbübischer Empfehlung beraubt worden. Die bemerkenswerteste Wirkung einer guten Bildung ist, den Appetit nach *mehr* Bildung zu wecken, nach neuem Lernen und Lehren. Der Gebildete weiß, daß er es nie ganz sein wird, es aber genug ist, um noch gebildeter sein zu wollen. Wer glaubt, daß Bildung als solche in der Schule oder der Universität endet, ist nicht wirklich von der erzieherischen Glut entzündet, sondern kennt nur deren schwachen Abglanz.

Und wie es in einem mexikanischen Volkslied heißen würde: Damit verabschiede ich mich. Nur noch eine Anekdote: Als Cioran zum letzten Mal nach Spanien reiste, bestand der damalige Kultusminister – ein Studienkollege von mir, der ebenfalls von den Frankisten verfolgt worden war – darauf, ihn persönlich kennenzulernen. Da ich wußte, wie wenig mein rumänischer Lehrer in ministerieller Gesellschaft zu Hause war, organisierte ich ein so entspanntes und informelles Abendessen wie möglich. Alles verlief sehr herzlich, und ich amüsierte mich sehr, vor allem über das Bemühen Ciorans, ein französisiertes Rumänisch zu sprechen, von dem er behauptete, es sei Spanisch. Beim Verlassen des Restaurants umarmte er mit seiner üblichen Herzlichkeit den Minister und wünschte ihm lächelnd: »Also, bleiben Sie mir nicht zu lange Minister!« – Mit dem gleichen Lächeln und demselben Wunsch verabschiedet sich von Ihnen, verehrte Ministerin, dieser bescheidene Beamte Ihres Ministeriums.

Literatur

Aldecoa, Josefina: *Historia de una maestra*, Barcelona 1995.
Arendt, Hannah: »Die Krise in der Erziehung« (Vortrag, gehalten am 13. Mai 1958 in Bremen), Bremen 1958.
Ball, S. J. (Hg.): *Foucault y la educación*, Madrid 1993.
Berbaum, Jean: *Aprendizaje y formación*, Fondo de Cultura Económica, Mexiko 1988.
Bettelheim, Bruno: *Educación y vida moderna*, Barcelona 1982.
Bruner, Jerome S.: *The Culture of Education*, Cambridge, Mass., 1996.
Carrithers, Michael: *Por qué los humanos tenemos culturas?*, Madrid 1995.
Closets, François de: *Le bonheur d'apprendre et comment on l'assassine*, Paris 1996.
Delval, Juan: *Los fines de la educación*, Madrid 1990.
Dewey, John: *Demokratie und Erziehung. Eine Einleitung in die philosophische Pädagogik*, Weinheim 1993.
Dowling, E./Osborne, E.: *Familia y escuela*, Barcelona 1996.
Durkheim, Émile: *Die Entwicklung der Pädagogik. Zur Geschichte der Soziologie des gelehrten Unterrichts in Frankreich*, Weinheim 1977.
Durkheim, Émile: *Erziehung und Soziologie*, Düsseldorf 1972.
Fernández Pérez, Miguel: *Las tareas de la profesión de enseñar*, Madrid 1994.

Freire, Paulo: *Pädagogik der Unterdrückten*, Reinbek bei Hamburg 1996.
Freire, Paulo: *Erziehung als Praxis der Freiheit*, Reinbek bei Hamburg 1982.
Frelat-Kahn, Brigitte: *Le savoir, l'école et la démocratie*, Paris 1996.
García Jiménez, Salvador: *El hombre que se volvió loco leyendo ›El Quijote‹*, Barcelona 1996.
Giner, Salvador/Scartezzini, Ricardo (Hg.): *Universalidad y diferencia*, Madrid 1996.
Hannoun, Hubert: *Comprendre l'éducation*, Paris 1995.
Hannoun, Hubert: *Les paris de l'éducation*, Paris 1996.
Hentig, Hartmut von: »*Humanisierung*« *– eine verschämte Rückkehr zur Pädagogik? Andere Wege zur Veränderung der Schule*, Stuttgart, 2. Aufl. 1993.
Hentig, Hartmut von: *Bildung. Ein Essay*, München 1996.
Hentig, Hartmut von: *Kreativität. Hohe Erwartungen an einen schwachen Begriff*, München 1998.
Kant, Immanuel: »Vorlesung über Pädagogik«, in: *Ausgewählte Schriften zur Pädagogik und ihrer Begründung*, Paderborn, 2. Aufl. 1982.
Kerstan, Thomas: »Mathe schafft. Eine internationale Studie bescheinigt deutschen Schülern erneut schwache Leistungen in Naturwissenschaften und Mathematik«, in: *Die Zeit*, Nr. 11, 5. März 1998, S. 35.
Larrosa, Jorge (Hg.): *Escuela, poder y subjetivación*, Madrid 1995.
Locke, John: *Gedanken über Erziehung*, Stuttgart 1990.
Luhmann, Niklas: *Teoría de la sociedad y pedadogía*, Barcelona 1996 (Aufsatzsammlung).
Luhmann, Niklas: *Reflexionsprobleme im Erziehungssystem*, Frankfurt a. M. 1988.
Meyer, Michael: *Über die Frechheit*, Baden-Baden 1997.
Moor, Paul: *Die Bedeutung des Spieles in der Erziehung*, Bern/Stuttgart/Wien 1973.
Nietzsche, Friedrich: »Über die Zukunft unserer Bildungsanstalten«, in: *Sämtliche Werke, Kritische Studienausgabe*, Band 1, München 1988.
Passmore, John Arthur: *The Philosophy of Teaching*, Cambridge/ Mass. 1980.
Pennac, Daniel: *Wie ein Roman*, München 1998.
Pérez-Díaz, Víctor: »La educación en España: reflexiones retrospec-

tivas«, ASP Research Papers, Gabinete de Estudios ASP, Madrid 1995.
Postman, Neil: *Das Verschwinden der Kindheit*, Frankfurt a. M. 1995.
Ramírez, Manuel: »La socialización política en España«, in: *Europa en la conciencia española y otros estudios*, Madrid 1996.
Reboul, Olivier: *La philosophie de l'éducation*, Paris 1989.
Reboul, Olivier: *Les valeurs de l'éducation*, Paris 1992.
Rivas, Manuel: *¿Qué me quieres, amor?*, Madrid 1996.
Rodari, Gianni: *Grammatik der Phantasie. Die Kunst, Geschichten zu erfinden*, Leipzig 1992.
Róheim, Géza: *Psychoanalyse und Anthropologie. Drei Studien über die Kultur und das Unbewußte*, Frankfurt a. M. 1977.
Russell, Bertrand: *Erziehung, vornehmlich in frühester Kindheit*, Düsseldorf/Frankfurt a. M. 1948.
Russell, Bertrand: »Erziehung und Gesellschaft«, in: *Erziehung ohne Dogma. Pädagogische Schriften*, München 1974.
Sánchez Ron, José Manuel: *Diccionario de la ciencia*, Barcelona 1996.
Silveira, Pablo da: *La segunda reforma*, Montevideo 1995.
Silveira, Pablo da: »¿Se puede justificar la obligación escolar?«, in: *Claves de Razón Práctica*, Nr. 59, Januar-Februar 1996.
Tait, Katherine: *My Father Bertrand Russell*, Bristol 1996.
Tedesco, Juan Carlos: *El nuevo pacto educativo*, Madrid 1995.
Varela, J./Alvarez-Uría, F.: *Arqueología de la escuela*, Madrid 1991.
Ventimiglia, Carmine: *Paternità in controluce*, Mailand 1996.

Campus Sachbuch

5. Auflage 1998
152 Seiten, gebunden, Halbleinen
DM 29,80/sFr 28,80/öS 218
ISBN 3-593-36072-1

»Um Freiheit und Verantwortung, die Grundsäulen der Ethik, geht es in diesem erfrischend unkonventionellen Werk, das weder »Rezeptbuch« noch »Handbuch« sein wollte und zum Bestseller wurde. Savater versteht es, mit viel Humor, Fantasie und Einfühlungsvermögen seine junge Leserschaft behutsam an der Hand zu nehmen und auf dem verwirrenden Markt der Möglichkeiten, den das Leben für viele Jugendliche heute darstellt, Orientierung zu bieten.«

Büchermarkt

Campus Verlag · Frankfurt/New York